SINNZEIT _ EINE PRALLE TÜTE LEBEN

Es ist ja nicht so, dass uns der Glaube eines Tages per Paketdienst zugestellt wird und dann haben wir ihn. So wie auch die Liebe zwischen zwei Menschen, die Freundschaft mit anderen, die Gemeinschaft in einer Familie, das Zutrauen zu sich selbst und das Vertrauen zu Gott nicht eines schönen Tages „eingetütet", „fix und fertig", „unverrückbar" ist. Jeder neue Tag, ein Anruf, ein Streit oder ein gutes Wort können das Blatt von heute auf morgen wenden.

JOHANNES SIMON

SINN ZEIT

FÜR ZWEIFLER, UNGLÄUBIGE UND ANDERE GUTE CHRISTEN

COPYRIGHT	© 2014 . Alle Rechte vorbehalten
	1. Auflage
AUTOR	Johannes Simon
	www.sinnzeit.de
GESTALTUNG	factum | adp . Büro für visuelle Kommunikation
	Haller Straße 51 . 74632 Neuenstein . www.factum-adp.de
HERSTELLUNG	Don Bosco Druck & Design
	Hauptstraße 2a, 92266 Ensdorf
	www.donbosco-druckdesign.de
BEZUG	www.sinnzeit.de/buchbestellung

ISBN 978-3-00-046712-7

PRINTED IN GERMANY

INHALT

Vorwort 006

REIHE 1

01 | Was macht mich happy? 010
02 | Aufbruch – (k)ein Thema für mich 014
03 | Verwundeter Engel 018
04 | Die Macht der Worte 023
05 | Drei Bilder der Liebe 028
06 | Experten für das Leben 034
07 | Sternenhimmel 038

REIHE 2

08 | Helden des Alltags 044
09 | Kaleidoskop – Schönbildseher 049
10 | Bruttosozialglück 054
11 | Achten statt Ächten 060
12 | Wunderland Wundenland Liebe 064
13 | Geben und Nehmen 070
14 | Aufbrechen – oder „Mein inneres Navi“ 076

REIHE 3

15 | Gut nicht fertig 084
16 | Farben im Leben 089
17 | Vater Mutter Tochter Sohn 092
18 | Neuland entdecken 098
19 | Kennst du die Liebe? 103
20 | Suchen und Finden 106
21 | Der Mensch 112

Quellennachweis 118
Zum Autor 120

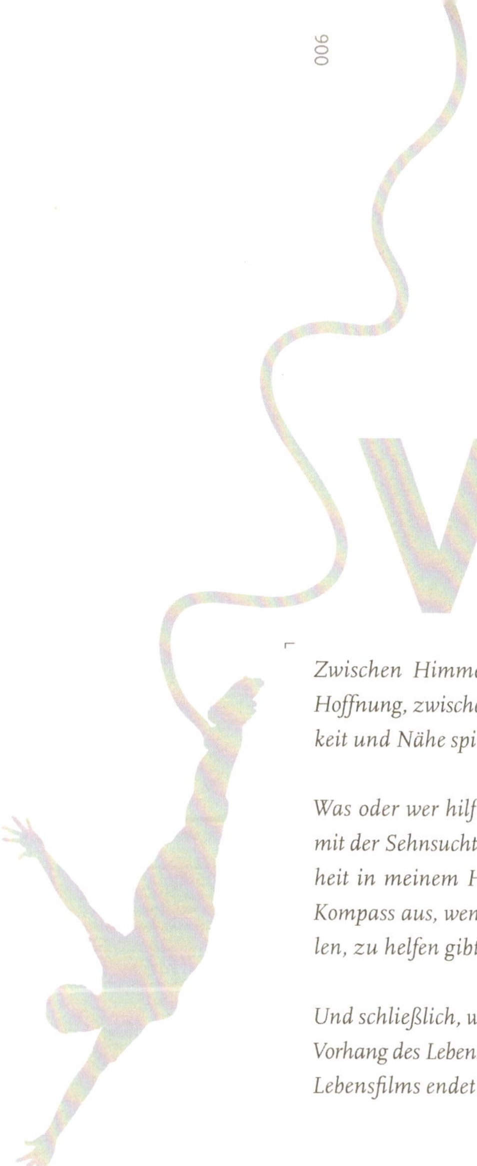

VOR

Zwischen Himmel und Erde, zwischen Enttäuschung und Hoffnung, zwischen Glauben und Zweifeln, zwischen Einsamkeit und Nähe spielt sich unser Leben als Menschen ab, oder?

Was oder wer hilft mir, den Weg durch das Leben zu finden mit der Sehnsucht nach Respekt, Anerkennung und Geborgenheit in meinem Herzen? Wonach richtet sich mein innerer Kompass aus, wenn es was zu gewinnen, zu verdienen, zu teilen, zu helfen gibt?

Und schließlich, wen erwarte ich, was wartet, wenn der letzte Vorhang des Lebens fällt, wenn die letzte Szene meines irdischen Lebensfilms endet?

WORT

Es sind Sinnfragen, die uns tief im Inneren berühren. Es sind aber auch Fragen, die in der Geschäftigkeit unserer Arbeiten und Urlaubsplanungen, den Grübeleien und Sorgen, den Festen und Feiern manchmal aus dem Blick geraten. Diese Sinnfragen sind unter anderen der Grund, warum es seit über 10 Jahren im unterfränkischen Dekanat Haßberge die Sinnzeit, den Gottesdienst für Zweifler, Ungläubige und andere gute Christen gibt.

Für mich ist die Sinnzeit von Anfang an bis heute eine Verbindung zwischen Himmel und Erde, zwischen Gott und Mensch sowie zwischen den Menschen untereinander.

Ich danke allen, die einmal, öfter oder regelmäßig eine Sinnzeit mitgefeiert haben. Ich danke allen Kolleginnen, die in den vergangenen Jahren mit mir gearbeitet und die Sinnzeit verantwortet haben. An dieser Stelle danke ich von Herzen allen, die mich ermutigt, inspiriert und unterstützt haben, dieses Buch zu erarbeiten und aufzulegen. Mein besonderer Dank gilt Birgit Seuffert von factum | adp, Designbüro für Kommunikation in Sand a. Main, die mit hohem persönlichen Einsatz und einem anspruchsvollen Design das Buch mit viel Liebe zum Detail umgesetzt hat.

„Ein ungewöhnlicher Gottesdienst in einer ungewöhnlichen Zeit.“ Mit diesem Motto haben wir 2002 die Sinnzeit begonnen. Heute halten Sie ein ungewöhnliches Buch in Ihren Händen. Ich lege meine guten Wünsche und Gedanken für Sie mit dazu.

JOHANNES SIMON

SINNZEIT _ IN DREI REIHEN

REIHE

1

WAS MACHT MICH HAPPY?

„Was macht **DICH** happy?“ – Das ist in der Regel kein Thema, das ein Kommissar mit einem durchgeknallten Ausbrecher bespricht. Oder doch? Im Fernsehfilm „Alleingang“ gibt es einen solchen Austausch, der mich nachhaltig beeindruckt hat. Vor allem die Antwort des Kommissars Zuckmaier:

„Was mich happy macht? Ach Mattok, lauter Sachen, mit denen Sie nichts anfangen können. Ich mag, wenn es friedlich ist. Ein stilles Wirtshaus mag ich gern. Wenn es anfängt zu dämmern. Draußen liegt Schnee. Und du hörst zum Beispiel nur die Uhr. Ewig. Ewig. Liest deine Zeitung. Trinkst dein Bier. Und keiner will was von dir.
So in etwa. Aber das ist natürlich nichts für Sie, King. Und die Berge mag ich noch gern. Hoch. Und meine Frau, die liebe ich sehr.“

Mitten in einer angst- und druckbesetzten Situation öffnet Zuckmaier das Fenster mit Blick in seine Seele. Es sind intime Geheimnisse, die Zuckmaier hier preisgibt. Und so ganz anders, wie man es sich vielleicht bei einem Kommissar vorstellt.

KENNEN SIE DAS AUCH?

- Eigentlich ganz anders zu sein
- Es friedlich und ruhig mögen, aber ...
- Einen wunderschönen Augenblick zu genießen und zu wünschen, dass er nicht aufhört
- Lieblingsorte zu haben und zu pflegen
- Zu spüren, was der Seele gut tut und es auch zu tun
- Den Gleitschirmsprung, eine lang gehegte Anschaffung, ein paar Reifen auf dem Nürburgring verschüren, weil es happy macht, wie mir ein Bekannter vorschwärmt

Ich glaube, jede und jeder von uns hat eigene Bilder und Wünsche, was sie oder ihn happy, glücklich macht.

Wenn ich auf das Leben Jesu schaue, dann zeichnen sich dort auch starke Bilder seiner Seelenlandschaft ab. Jesus würde uns heute vielleicht antworten:

Was mich glücklich macht? Ach, ihr Lieben, viele Dinge, die in der Welt heute nicht so die erste Geige spielen. Freundschaften pflegen. Mit Leuten essen und Anteil nehmen an ihrem Leben. Arme, Kranke, vom Leben unter Druck geratene Menschen im Blick haben und mit ihnen sein. Sich für andere engagieren – gleich welcher Hautfarbe, Religion oder Bildungsschicht. Respekt haben vor den anderen. Zeit zu haben für ein paar Atemzüge morgens und abends, um Gott zu danken für das Brot auf dem Tisch, ein Dach über dem Kopf und vor allem, vor allem, dass es Liebe, Treue, Freundschaft und Partnerschaft unter den Menschen nach wie vor gibt.

Jesus hat es immer wieder geschafft, den, der er sein wollte, mit dem, der er war, zusammenzubringen. Ich glaube, dass er so, wie die Bibel uns von ihm erzählt, nicht vom Himmel gefallen ist, sondern auch jeden Tag neu mit sich, seiner Seele und seinem Gott in Kontakt war, um zu spüren, was ihn happy, glücklich macht. Sein Glück, seine Freude war vor allem das Glück, die Freude des anderen. Dafür hat er gelebt und geliebt, sich stark gemacht und die Schwächen der anderen getragen.

SEIN LEBENSMOTTO WAR DIE LIEBE ZU GOTT UND DEN MENSCHEN UND ZU SICH SELBST.

Ich wünsche Ihnen und mir immer wieder einmal Zeit und Gelegenheit, zu sein, wie Sie und ich sein möchten. Und vielleicht, es muss ja nicht mit einem durchgeknallten Ausbrecher sein, auch mal Zeit für einen Austausch über die Frage „Was macht mich happy? **WAS MACHT MICH GLÜCKLICH?***“*

MARKUS 6, 31

Da sagte er zu ihnen: Kommt mit an einen einsamen Ort, wo wir allein sind, und ruht ein wenig aus. Denn sie fanden nicht einmal Zeit zum Essen, so zahlreich waren die Leute, die kamen und gingen.

GOTT, was macht mich froh, erfüllt mich mit Leben?

Geltung? Ansehen? Macht?
Mein Haus? Mein Auto? Mein Konto?
Meine Familie? Meine Gesundheit? Meine Überzeugung?
Ich frage viel. Ich suche Antwort.
Manchmal möchte ich die Zeit anhalten
und innehalten. Einfach sein, wer ich bin.
Einfach fühlen, was mich glücklich macht.
Einen Augenblick lang. Und gerne auch zwei. Oder drei?

Du – „**ICH BIN DA**.“

WAS MACHT BEI IHNEN, WAS MACHT BEI MIR „KLICK“, WENN SIE DAS WORT „AUFBRUCH“ BUCHSTABIEREN, BESCHREIBEN SOLLTEN?

Mit Aufbruch verbinden wir Wanderungen, Touren, Pilgerwege. Den Aufbruch wagt aber auch ein junger Mensch, der seine Ausbildung oder sein Studium in fremder Umgebung beginnt. Und – gewollt oder ungewollt – übt mancher alt gewordene Mensch nochmals den Aufbruch, um in neuer Umgebung eines Heimes oder einer Wohngemeinschaft oder im Haus der weiter weg wohnenden Kinder neu heimisch zu werden.

Kleinere und größere Aufbrüche – sie ziehen sich durch unser Leben. Größere, wie zum Beispiel die eben beschriebenen. Kleinere, wie zum Beispiel doch den Besuch zu machen, der mich etwas aus der Komfortzone bringt. Oder das Wort zu sagen, das mir schwer über die Lippen kommt. Oder die alltägliche Arbeit zuhause oder am Arbeitsplatz doch mit neuem Schwung anzugehen. Mit Aufbruch muss nicht nur ein einmaliges oder seltenes Ereignis gemeint sein.

AUF
BRUCH

K-EIN THEMA FÜR MICH

FRANZ KAFKA schreibt 1922 seine Parabel „**DER AUFBRUCH**“: *Ich befahl, mein Pferd aus dem Stall zu holen. Der Diener verstand mich nicht. Ich ging selbst in den Stall, sattelte mein Pferd und bestieg es. In der Ferne hörte ich eine Trompete blasen, ich fragte ihn, was das bedeute. Er wußte nichts und hatte nichts gehört. Beim Tore hielt er mich auf und fragte: „Wohin reitest du, Herr?“ „Ich weiß es nicht“, sagte ich, „nur weg von hier, nur weg von hier. Immerfort weg von hier, nur so kann ich mein Ziel erreichen.“ „Du kennst also dein Ziel?“ fragte er. „Ja“, antwortete ich, „ich sagte es doch: ‚Weg-von-hier', das ist mein Ziel.“ „Du hast keinen Eßvorrat mit“, sagte er. „Ich brauche keinen“, sagte ich, „die Reise ist so lang, daß ich verhungern muß, wenn ich auf dem Weg nichts bekomme. Kein Eßvorrat kann mich retten. Es ist ja zum Glück eine wahrhaft ungeheure Reise.“*

Kafka versteht es hier, mit wenigen Zeilen zu beschreiben, wie sehr der Aufbruch zur Existenz des Menschen gehören kann: „**NUR WEG VON HIER, NUR WEG VON HIER. IMMERFORT WEG VON HIER, NUR SO KANN ICH MEIN ZIEL ERREICHEN.**“ Leben als Unterwegssein, ein immerwährendes Neuaufbrechen. Wer ein bisschen in der Bibel blättert, der trifft immer wieder Menschen, die den Aufbruch wagen: einen Abraham, der auf die Verheißung seines Gottes hin sein Land verlässt und in das Land aufbricht, das Gott ihm zeigen wird; die Israeliten, die – durchaus nicht mit Hurra – die Fleischtöpfe der Gefangenschaft hinter sich lassen und den langen Zug durch Wüste und Entbehrung antreten; den Wanderprediger Jesus von Nazareth, der darauf vertraut, sein „tägliches Brot“ zu bekommen und einen Platz zum Schlafen. Drei Beispiele für die vielen Frauen und Männer, von denen uns die Bibel erzählt, die Kafkas Geschichte am eigenen Leib erfahren: Leben ist „ja zum Glück eine wahrhaft ungeheure Reise“.

Es gibt keine Versicherung, dass Ihr, dass mein Leben so bleibt, wie es ist. Leben verändert sich. „Kein Eßvorrat kann mich retten“, sagt der aufbrechende Reiter in Kafkas Geschichte. Dennoch reitet er los – gerufen vom Klang der Trompete, die nur er hört, die ihm gilt und der er folgt.

1 Könige 19, 3–8

03 | Elija geriet in Angst, machte sich auf und ging weg, um sein Leben zu retten. Er kam nach Beerscheba in Juda und ließ dort seinen Diener zurück.

04 | Er selbst ging eine Tagereise weit in die Wüste hinein. Dort setzte er sich unter einen Ginsterstrauch und wünschte sich den Tod. Er sagte: Nun ist es genug, Herr. Nimm mein Leben; denn ich bin nicht besser als meine Väter.

05 | Dann legte er sich unter den Ginsterstrauch und schlief ein. Doch ein Engel rührte ihn an und sprach: Steh auf und iss!

06 | Als er um sich blickte, sah er neben seinem Kopf Brot, das in glühender Asche gebacken war, und einen Krug mit Wasser. Er aß und trank und legte sich wieder hin.

07 | Doch der Engel des Herrn kam zum zweiten Mal, rührte ihn an und sprach: Steh auf und iss! Sonst ist der Weg zu weit für dich.

08 | Da stand er auf, aß und trank und wanderte, durch diese Speise gestärkt, vierzig Tage und vierzig Nächte bis zum Gottesberg Horeb.

Schon so viele Jahre unterwegs
und noch nicht angekommen.
Schon so viele Gedanken gedacht
und das Leben noch nicht enträtselt.
Schon so viele Menschen getroffen
und noch immer Sehnsucht nach Begegnung.
Ich wünsche mir **KRAFT FÜR DEN WEITEREN WEG**.
Ich wünsche mir **MUT ZU IMMER NEUEM AUFBRUCH**.
Ich lerne von dir, dem immer wieder anderen.

Du – „**ICH BIN DA**.“

WENN SIE GEFRAGT WERDEN, OB SIE LIEBER TRAGEN ODER GETRAGEN WERDEN, WIE FÄLLT IHRE ANTWORT AUS?

VERWUNDETER ENGEL

Mein persönlicher Tipp ist: Dreiviertel entscheiden sich für „Tragen" und ein Viertel für „Getragen werden". Vielleicht knüpfe ich da auch bei meiner eigenen Befindlichkeit an. Ich helfe gerne. Ich trage gerne zum Wohlbefinden der anderen bei. Schwerer fällt es mir – je nach Situation – für mich selbst um Hilfe zu bitten, mich tragen zu lassen. Dabei tut es mir durchaus gut, manchmal nicht alles selbst machen zu müssen, mitgetragen zu werden. Es ist nicht immer leicht, das richtige Wechselspiel zwischen Tragen und Getragenwerden zu finden und zu leben. Und manchmal kann man es sich gar nicht aussuchen.

„Nach langer und reiflicher Überlegung bin ich zum Entschluss gekommen, dass ich eine Pause brauche. Die Entscheidung so zu treffen, ist mir unheimlich schwer gefallen. Doch mein derzeitiger Energielevel reicht nicht aus, um erfolgreich zu sein und insbesondere die Mannschaft und den Verein in ihrer sportlichen Entwicklung voranzubringen." – so erklärt der Trainer Ralf Rangnick von Schalke 04 seinen Rücktritt. Er steht nicht allein.

Was geht da schief in unserer Seele? Wo tickt unsere Gesellschaft falsch? Rennt das Leben zu schnell?

Ich will jetzt keine klugen Ratschläge zum Thema Burnout verbreiten. Das können Psychologen vermutlich viel besser. Ich will Ihnen und mir Mut machen, Menschen

wahrzunehmen und anzunehmen, die unfreiwilliger Weise vom Tragen zum Getragenwerden wechseln. Angeregt zu dieser Thematik hat mich ein Bild von Hugo Simberg, das er 1903 gemalt hat: Für mich drückt dieser verletzte Engel die Not aus, in die wir Menschen geraten können: Ein Ereignis, eine Nachricht, eine Krankheit, Lebensumstände verletzen den Engel, stutzen ihm die Flügel, nehmen ihm die Sicht. Da sitzt er tief gebeugt, in sich gekehrt. Er, der immer ... sie, die doch ... Und überhaupt: Wie konnte es so weit kommen?

DAS BILD BEANTWORTET DIESE FRAGEN NICHT. ES ZEIGT: DER ENGEL IST VERWUNDET. ER KANN NICHT.

Rechts und links vom Engel sind zwei Burschen zu sehen, die den Engel tragen: Fest hat der linke die Griffe der Trage gepackt, sieht in Gedanken auf den Weg und geht voran. Auch der rechte packt an, trägt und hält die Balance. Sein Blick geht zum Betrachter, der Betrachterin. In seinem Gesichtsausdruck findet sich für mich die Frage: „Komisch, oder, ein verwundeter Engel?“
Ja, damals wie heute stiftet dieses Bild erst einmal Verwunderung, weil es so aus dem Rahmen der alltäglichen Erfahrung und der Erwartung fällt: Engel haben zu fliegen. Ärzte haben zu heilen. Mütter haben Geduld zu haben. Steuerberater freundlich sein. Pfarrer haben Zeit zu haben.

Und wenn nicht?

Was, wenn der Steuerberater sich überfordert fühlt, wieder einmal das Letzte rauszuleiern? Wie geht's weiter, wenn der Mutter Familie und Beruf über den Kopf wachsen? Was macht der Arzt, wenn ihm selbst eine unheilbare Krankheit diagnostiziert wird?

Findet er, findet sie Menschen, die das mittragen? Kann er, kann sie das „Getragen-werden-müssen“ aushalten, ertragen, mit der Zeit als eine wertvolle Lebenserfahrung annehmen?
Das sind Fragen, die mich beim Blick auf dieses Bild bewegen. Und damit sind wir mitten in der Temperatur des Bibeltextes, der uns auch von Trägern, einem Getragenen und einer ungewöhnlichen Lösung erzählt.

MARKUS 2, 1–12 *(siehe Seite 22)*

Liebe Zuhörerinnen und Zuhörer,
einen Satz aus dieser Erzählung möchte ich herausgreifen: „Als Jesus ihren Glauben sah.“ Dieser Satz lenkt die Aufmerksamkeit zu den vier Männern, die den Gelähmten zu Jesus bringen. Sie lassen sich von ihrem Vorhaben nicht abhalten. Die Menge bremst sie nicht. Sie entwickeln Phantasie und steigen auf das Dach, das im Orient damals ein Flachdach aus Lehm und Balken war. Es muss mordsmäßig gestaubt haben, wie sie das Dach aufgraben. Unangenehm für die Menschen darunter. Dreck und ein großer wirtschaftlicher Schaden für den Hausbesitzer. Aber die Rettung ihres Freundes ist es ihnen wert.

Glaube, **DER DÄCHER ABDECKT.** *Glaube*, **DER PHANTASIE ENTWICKELT.** *Glaube*, **DER MENSCHEN NEUE MÖGLICHKEITEN DES LEBENS ERÖFFNET.**

Ich wünsche Ihnen und mir den Mut, ungebremst zu glauben und diesen Glauben in die Tat umzusetzen, wenn Menschen unsere Hilfe brauchen.
Ich wünsche Ihnen und mir Menschen, die für uns einstehen und uns tragen, wenn Sie oder ich wie der Gelähmte einen brauchen, der für andere aufs Dach steigt und der Heilung näher bringt.

GOTT, ich stehe vor dir.

Es gibt Augenblicke, da weiß ich nicht so recht, wo ich mit mir dran bin.

Schwere Gedanken wühlen in mir. Meine Stimmung wird dunkel und ich weiß gar nicht so recht, warum.

Da hätte ich gern jemand zum Anlehnen. Jemand, der mir sein Ohr schenkt. Dann könnte ich mein Herz öffnen und es sprechen lassen.

Noch rauschen die Gedanken und Worte in mir. Hörst du sie?

Du – „**ICH BIN DA**.“

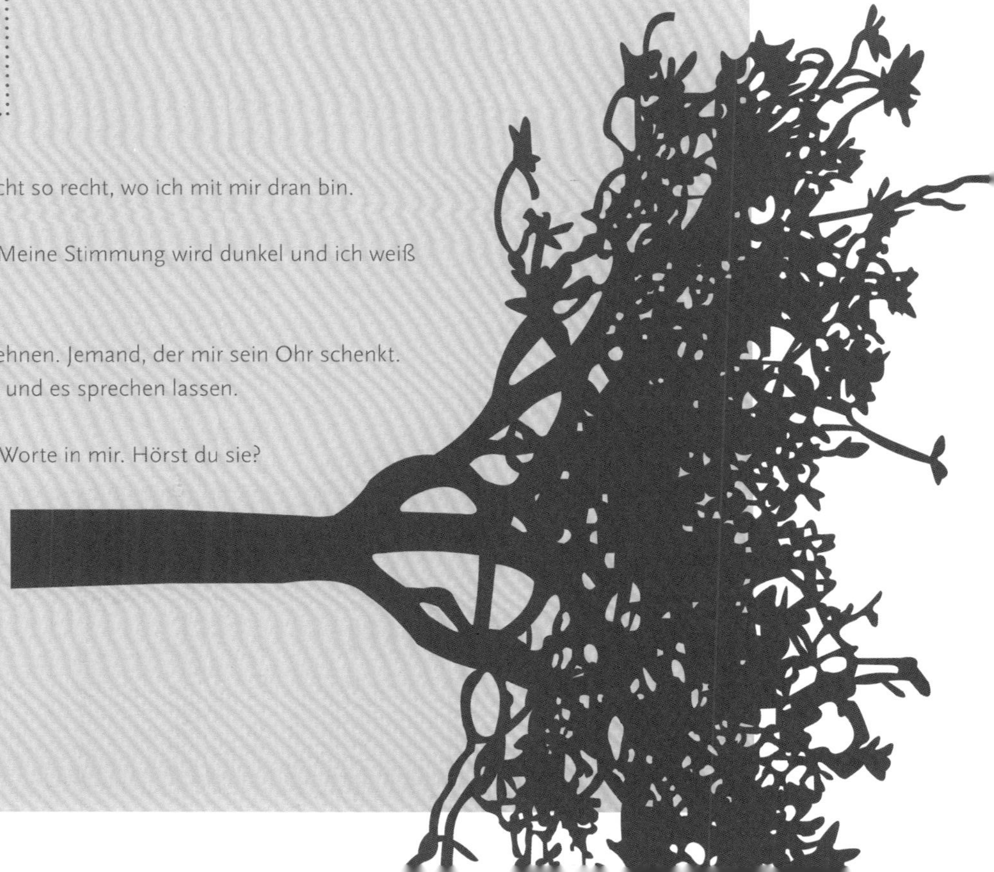

MARKUS 2, 1–12

01 | Als er einige Tage später nach Kafarnaum zurückkam, wurde bekannt,
dass er wieder zu Hause war.
02 | Und es versammelten sich so viele Menschen, dass nicht einmal mehr
vor der Tür Platz war; und er verkündete ihnen das Wort.
03 | Da brachte man einen Gelähmten zu ihm; er wurde von vier Männern
getragen.
04 | Weil sie ihn aber wegen der vielen Leute nicht bis zu Jesus bringen
konnten, deckten sie dort, wo Jesus war, das Dach ab, schlugen die
Decke durch und ließen den Gelähmten auf seiner Tragbahre durch
die Öffnung hinab.
05 | Als Jesus ihren Glauben sah, sagte er zu dem Gelähmten: Mein Sohn,
deine Sünden sind dir vergeben!
06 | Einige Schriftgelehrte aber, die dort saßen, dachten im Stillen:
07 | Wie kann dieser Mensch so reden? Er lästert Gott. Wer kann Sünden
vergeben außer dem einen Gott?
08 | Jesus erkannte sofort, was sie dachten, und sagte zu ihnen: Was für
Gedanken habt ihr im Herzen?
09 | Ist es leichter, zu dem Gelähmten zu sagen: Deine Sünden sind dir
vergeben!, oder zu sagen: Steh auf, nimm deine Tragbahre und geh
umher?
10 | Ihr sollt aber erkennen, dass der Menschensohn die Vollmacht hat, hier
auf der Erde Sünden zu vergeben. Und er sagte zu dem Gelähmten:
11 | Ich sage dir: Steh auf, nimm deine Tragbahre, und geh nach Hause!
12 | Der Mann stand sofort auf, nahm seine Tragbahre und ging vor aller
Augen weg. Da gerieten alle außer sich; sie priesen Gott und sagten:
So etwas haben wir noch nie gesehen.

DIE MACHT DER WORTE

„ER SPRICHT NICHT MEINE SPRACHE." „WENN WIR VON DERSELBEN SACHE REDEN, MEINEN WIR DENNOCH ETWAS GANZ VERSCHIEDENES." „ICH VERSTEHE NICHT, WAS SIE MEINT." So oder ähnlich formulieren Menschen die Erfahrung, dass zwei Menschen, obwohl sie die gleiche Sprache sprechen, sich noch lange nicht verstehen müssen. Sprache ist Gabe und Aufgabe. Einander zu verstehen, ist nicht selbstverständlich.

„ICH HABE GENUG DAVON, ZU REDEN." „WORÜBER SOLL ICH DENN NOCH MIT IHM/MIT IHR REDEN? ES IST DOCH ALLES GESAGT." „ICH FINDE KEINE WORTE MEHR." „ICH KANN ES NOCH GAR NICHT BESCHREIBEN, WIE ICH EMPFINDE." Die andere Herausforderung heißt Sprachlosigkeit: Worte finden, die richtigen Worte finden, die ausdrücken, was Kopf und Herz bewegt. Und: Mut zu finden, das Wort zu ergreifen. Oder: so zu sprechen, dass andere mich beim Wort nehmen können.

Sprachverwirrung und Sprachlosigkeit mischen sich vor 2000 Jahren in dem Raum, in den sich die Jüngerinnen und Jünger Jesu zurückgezogen haben. Sie tragen in sich ein Gemisch aus Angst und Hoffnung: Angst, selber wie dieser Jesus aus Nazareth hingerichtet zu werden. Und Hoffnung, dass die Nachricht von seiner Auferweckung glaubwürdig ist, ein Leben über den Tod hinaus nicht nur ein leeres Wort ist. Da spüren sie plötzlich eine neue, ungekannte Begeisterung. Da fährt ihnen Mut und Ermutigung in die Knochen. Aber lesen Sie selbst:

APOSTELGESCHICHTE 2, 1–12

01 | Als der Pfingsttag gekommen war, befanden sich alle am gleichen Ort.

02 | Da kam plötzlich vom Himmel her ein Brausen, wie wenn ein heftiger Sturm daherfährt, und erfüllte das ganze Haus, in dem sie waren.

03 | Und es erschienen ihnen Zungen wie von Feuer, die sich verteilten; auf jeden von ihnen ließ sich eine nieder.

04 | Alle wurden mit dem Heiligen Geist erfüllt und begannen, in fremden Sprachen zu reden, wie es der Geist ihnen eingab.

05 | In Jerusalem aber wohnten Juden, fromme Männer aus allen Völkern unter dem Himmel.

06 | Als sich das Getöse erhob, strömte die Menge zusammen und war ganz bestürzt; denn jeder hörte sie in seiner Sprache reden.

07 | Sie gerieten außer sich vor Staunen und sagten: Sind das nicht alles Galiläer, die hier reden?

08 | Wieso kann sie jeder von uns in seiner Muttersprache hören:

09 | Parther, Meder und Elamiter, Bewohner von Mesopotamien, Judäa und Kappadozien, von Pontus und der Provinz Asien,

10 | von Phrygien und Pamphylien, von Ägypten und dem Gebiet Libyens nach Zyrene hin, auch die Römer, die sich hier aufhalten,

11 | Juden und Proselyten, Kreter und Araber, wir hören sie in unseren Sprachen Gottes große Taten verkünden.

12 | Alle gerieten außer sich und waren ratlos. Die einen sagten zueinander: Was hat das zu bedeuten?

Das Pfingstwunder wird hier als Sprachenwunder beschrieben. Menschen unterschiedlicher Nationalitäten verstehen die Botschaft. Menschen mit verschiedenen Horizonten und Überzeugungen beginnen zu begreifen, worum es geht.

SOLCH EIN SPRACHENWUNDER WÜNSCHE ICH MIR AUCH MANCHMAL.

⇢ Ich wünsche mir in den christlichen Kirchen einen respektvollen und aufmerksamen Umgang miteinander ... Respekt vor der jeweils eigenen Lebens- und Glaubensgeschichte eines jeden Menschen ... Aufmerksamkeit für das, was das Gegenüber sagt und meint.
Und wenn es dann noch gelingt, sich zu entschuldigen, einen Fehler einzugestehen, dann, ja dann ist das doch schon schier ein Wunder.

⇢ Ich wünsche den Menschen im Zusammenleben in Partnerschaft, Freundschaft und Familie die richtige Sprache füreinander. Derer gibt es ganz verschiedene:

⇠ *Die einen schenken einander viel* ***LOB UND ANERKENNUNG.***

⇠ *Andere drücken ihre Liebe durch Zeit aus, die sie dem anderen schenken, die* ***UNGETEILTE AUFMERKSAMKEIT*** *zum Beispiel des Vaters für das Kind, das seinen ersten Legoturm gebaut hat.*

⇠ *Wieder andere machen der geliebten Partnerin oder dem Partner gerne* ***GESCHENKE****, bringen etwas mit, einen Gegenstand als Zeichen der Freundschaft.*

⇠ *Eine weitere Sprache der Liebe ist die* ***HILFSBEREITSCHAFT,*** *die* ***UNTERSTÜTZUNG*** *für den anderen ... die gemachte Wäsche, das Kochen, die Steuererklärung, die geputzte Autoscheibe.*

⇠ *Und nicht zuletzt ist die* ***ZÄRTLICHKEIT*** *eine weitere Sprache, um auch einmal ohne Worte viel zum Ausdruck zu bringen ... das Streichen über den Kopf des Kindes, die Umarmung der Freundin beim Wiedersehen, die Hand, die gehalten wird, wenn jemand traurig und ergriffen ist.*

⇢ Ich wünsche mir in der Politik mehr Ehrlichkeit, die Dinge beim Namen zu nennen und nicht nur auf den nächsten Wahltermin zu schielen.

Wenn ich noch einmal kurz auf die Erzählung des Pfingstwunders zu sprechen kommen darf: Ich glaube, dass das Wunder des Verstehens, das Wunder der Ermutigung seine Vorgeschichte hatte. Die Jüngerinnen und Jünger haben vorher gemeinsam im Schauen auf ihre Geschichte mit Jesus Rückschau gehalten. Sie haben sich dieses Menschen und seiner Botschaft von Gottes Liebe zu allen Menschen erinnert. Von ihm begeistert haben sie neue Worte gefunden. So formulieren sie den Traum einer großen Menschheitsfamilie, der sie selbst trägt und beflügelt.

Heute sind wir es, die in einem Gemisch aus Angst und Hoffnung leben und auf Gottes Botschaft schauen und hören. Ich wünsche Ihnen und mir, dass Respekt und Einfühlungsvermögen unser Leben und Zusammenleben verändern, Gottes Pulsschlag uns heute ebenso immer wieder ergreift und wir seine Botschaft mit neuen Worten sagen und wir so als Menschen immer mehr zu einer Gemeinschaft zusammenwachsen.

EIN WORT NUR und mein Herz öffnet sich sperrangelweit.
EIN WORT NUR und ich schließe mich ein wie eine Auster.

Wie gedankenlos schwappt manchmal mein Mund über mit leeren Worten.
Wie schweigsam trage ich so viel mit mir, was den Weg aus mir heraus nicht findet.
Worte können so viel bewegen. Worte können so gut tun.
Schenke mir Worte, die das Herz öffnen und vom Leben erzählen, das in mir wohnt.

Du – „**ICH BIN DA**.“

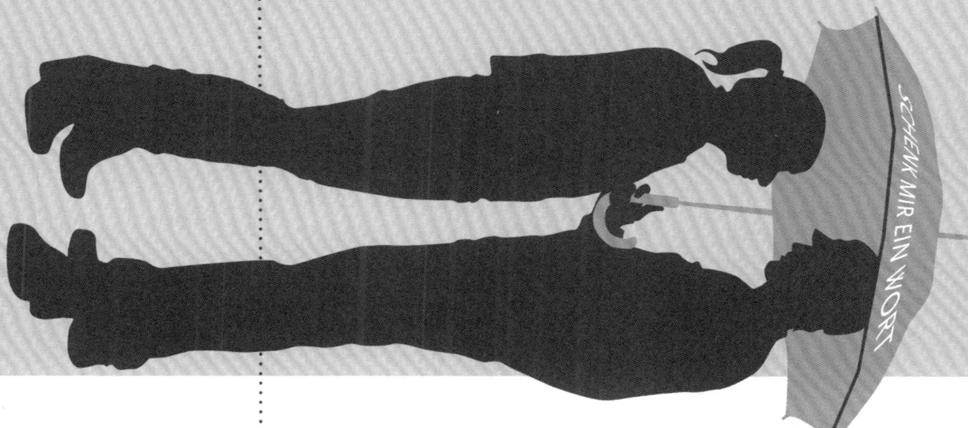

DR3I

BILDER DER LIEBE

Wie bei einem Abzählreim à la „Himpelchen und Pimpelchen, die gingen auf einen Berg. Himpelchen war ein Heinzelmann, und Pimpelchen war ein Zwerg" bewegen sich auf dem Bild „Annäherung" zwei Hände aufeinander zu und entfernen sich vermutlich auch wieder ein Stückchen. Es ist dieses Spiel von Nähe und Distanz, sich treffen und wieder verabschieden, was das Leben und Zusammenleben lebendig macht.

Dies gilt für Paarbeziehungen ebenso wie für bestehende oder vergangene Freundschaften: Bewege ich mich auf den anderen zu? Halte ich mich zurück? Lasse ich einmal wieder von mir hören? Oder warte ich lieber, bis sich der andere/die andere meldet?

Soll ich einen Blick riskieren über die Tische hinweg und Interesse am anderen zeigen? Wie kommt es an, wenn ich nach Jahren – oder sind es gar Jahrzehnte? – einmal zum Telefonhörer greife und den Schulkameraden von damals anrufe, den wieder einmal zu treffen ich schon Interesse spüre?

Immer wieder befinden wir uns im Leben „auf der Mauer, auf der Lauer". Es gehören mindestens zwei dazu. Jeder ist sich selbst allein ein Stück zu wenig.

„Annäherung" bleibt ein Dauerthema, auch wenn zwei Menschen vielleicht schon ein ganzes Stück Weg miteinander unterwegs sind. Ein Wort aus der Heiligen Schrift macht uns Mut, im Leben nicht allein zu bleiben.

KOHELET 4, 9–11

09| Zwei sind besser als einer allein, falls sie nur reichen Ertrag aus ihrem Besitz ziehen.

10 | Denn wenn sie hinfallen, richtet einer den anderen auf. Doch wehe dem, der allein ist, wenn er hinfällt, ohne dass einer bei ihm ist, der ihn aufrichtet.

11 | Außerdem: Wenn zwei zusammen schlafen, wärmt einer den andern; einer allein – wie soll er warm werden?

„Schön", sagt der Kollege, der das Bild „Kussmund" fotografiert hat, als ich ihm erzähle, dass ich es in der „Sinnzeit" zeige. Er lebt mit seiner Frau in Erfurt und erklärt mir: „Wir waren mit Freunden an der Mosel unterwegs und haben Wein gekauft. Ich glaube, es war in Trier. Ich habe sie im Sucher der Kamera fixiert und ihren Namen gerufen. Da dreht sie sich um und wirft mir diesen Kussmund zu."

Ich sehe und höre sein Strahlen und seine Freude durch das Telefon hindurch. Eine Fröhlichkeit, die immer mitschwingt, wenn er von seiner Frau erzählt oder ihren Namen erwähnt. Vor einigen Jahren hat der Mann aus dem Westen die Frau aus dem Osten kennen und lieben gelernt. Diese West-Ost-Annäherung hat sich zur festen Verbindung einer Ehe entwickelt. Und die Anmut, die sich in diesem Bild findet, ist geblieben, die Anmut der Anziehungskraft zwischen zwei Menschen. Sie zeigt sich im lockenden Blick, der freundlichen Geste, der Begegnung zweier

Blicke, der Sehnsucht nach Hingabe. Sie zeigt sich im spontanen Spiel der Lippen, die zum Kussmund geformt sind. Im Hohelied Salomos in der Heiligen Schrift malt der Verfasser mit Worten ein anmutiges Textbild von der Anziehungskraft zwischen zwei Menschen:

HOHELIED 1, 9–17

09| Mit der Stute an Pharaos Wagen vergleiche ich dich, meine Freundin.
10 | Schön sind deine Wangen zwischen den Kettchen, dein Hals in der Perlenschnur.
11 | Machen wir dir noch goldene Kettchen, kleine Silberkugeln daran.
12 | Solange der König an der Tafel liegt, gibt meine Narde ihren Duft.
13 | Mein Geliebter ruht wie ein Beutel mit Myrrhe an meiner Brust.
14 | Eine Hennablüte ist mein Geliebter mir aus den Weinbergen von En-Gedi.
15 | Schön bist du, meine Freundin, ja, du bist schön. Zwei Tauben sind deine Augen.
16 | Schön bist du, mein Geliebter, verlockend. Frisches Grün ist unser Lager,
17 | Zedern sind die Balken unseres Hauses, Zypressen die Wände.

Mit „Netzwerk" ist das dritte Bild der kleinen Sammlung überschrieben. Ein Netzwerk von Schnüren mit roten Herzen spannt sich vor den Augen des Paares, das vermutlich aus dem Standesamt oder der Kirche kommt. Für mich ein gelungenes Symbolfoto:
Die Herzen hängen hier nicht nur als schöner Schmuck, sondern als herzliche Grüße und Wünsche für das gemeinsame Glück, das in dem öffentlichen Ja zueinander besiegelt wurde. Nicht allein, nicht nur in trauter Zweisamkeit, sondern vor Zeugen, vor Gott hat das Paar sein Ja in guten

und in schweren Tagen gesprochen. Gemeinsam wollen sie ihren Weg gehen.
Und da tut es gut, wenn es noch ein Netzwerk gibt, von Gott und den Menschen gehalten, ein Netz, das trägt und Halt schenkt. Ich denke noch mit großer Freude und Dankbarkeit an unsere Silberhochzeit, an die Freundinnen und Freunde, Geschwister, unsere Mütter und Verwandten und ebenso auch an die Nachbarn, die mit uns gemeinsam damals Gottesdienst gefeiert, gegessen, getrunken, gelacht und getanzt haben. Und wir sind dankbar, dass wir gemeinsame Freundinnen und Freunde haben, aber ebenso auch Menschen, die mehr zu einem von uns Bezug haben und uns durch das Leben begleiten.

Nein, ich möchte nicht in einem Eheschließfach leben.

Ich brauche und schätze das Netzwerk der Menschen um uns herum, die uns mit einer Unternehmung, einem Anruf, einem offenen Gespräch und ihrer Aufmerksamkeit oder einer Einladung beschenken. Denn:

KOHELET 4, 12

12 | Und wenn jemand einen Einzelnen auch überwältigt, zwei sind ihm gewachsen und eine dreifache Schnur reißt nicht so schnell.

GOTT, ich stehe vor dir.

Im Daumenkino meiner Seele
sehe ich Bilder von Liebe und Freundschaft.
Da zögere und traue ich mich.
Manchmal öffne ich mich.
Dann wieder ziehe ich mich zurück.
Im Wechselspiel des Lebens spüre ich,
wie wichtig Freundschaft und Liebe für mich sind.
Ich spüre Grund und Halt,
Aufbruch und Wagnis.
Das Wort, die Nähe wird zum Geschenk.
Vertrauen zum Sicherungsnetz.
In Nähe und Distanz bleibe ich lebendig
und verbunden mit den Menschen und dir.

Du – „**ICH BIN DA**."

EXPERTEN FÜR DAS LEBEN

Wie fühlt es sich für die älteren Frauen und Männer unter uns an als **„EXPERTEN FÜR DAS LEBEN"** bezeichnet zu werden? Unter einem Experten verstehen wir normalerweise einen Menschen, der sich auf einem ganz bestimmten Fachgebiet bestens auskennt, sei es in der Medizin, in Bausachen oder in Finanzen. Doch was jemanden auch zum Experten macht, ist eine langjährige Erfahrung auf seinem Gebiet: Erfolge und Rückschläge, Fortschritte und Irrwege, neue Erkenntnisse und offene Fragen, Überraschungen und Routine, Höhen und Tiefen.

So gesehen sind Sie im Laufe Ihres Lebens wahrscheinlich auf mehreren Gebieten Experte und Expertin geworden: in Ihrem Beruf, in der Kindererziehung, im Haushalt, in der Liebe, im Glauben, in politischen und gesellschaftlichen Fragen – die Liste ist endlos. Da hat sich ein reicher Schatz an Erfahrungen angesammelt, der hoffentlich auch immer wieder mal von Kindern und Enkelkindern angefragt wird.

„Experten fürs Leben" zu sein heißt aber noch mehr. Es heißt: lernen, was das Leben im Lauf der Jahre mit sich bringt, wie man damit umgehen und es bewältigen kann; erfahren, dass es Dinge gibt, die wir nicht in der Hand haben und mit denen wir doch umgehen lernen müssen. **SO WERDEN MENSCHEN MIT DEN JAHREN ZU EXPERTEN, ZU ERFAHRENEN IM LEBEN.**

Ich erinnere mich noch sehr lebendig an Begegnungen bei der Krankenkommunion, wenn alte und zum Teil langjährig kranke Menschen mir sagten: „Ach, Herr Simon, es ist, wie es ist." Als damals knapp Dreißigjähriger habe ich dabei in mir Widerstand gespürt und meine innere Stimme sagte: „Da muss man doch etwas machen können. Das kann man doch nicht einfach so hinnehmen." Heute weiß ich und spüre ich: Ja, es gibt Dinge, die ich nicht ändern kann. Dinge, Lebensumstände, die sind, wie sie sind. Und: Mit „einfach so hinnehmen" ist es selten getan. Es ist oft ein langer Weg dorthin: Experte auch für schlechte Lebenslagen zu werden, umgehen zu lernen mit Krankheit, Not, Leid und Scheitern. Umgehen lernen damit, dass liebe Menschen sterben, jemand fehlt mitten im Leben.

Das ist nicht erst heute so. Bereits vor weit mehr als 2000 Jahren hat Kohelet dieses **„LEBEN LERNEN"** in einem Text im Alten Testament beschrieben:

KOHELET 11, 9–12, 2

09| Freu dich, junger Mann, in deiner Jugend, sei heiteren Herzens in deinen frühen Jahren! Geh auf den Wegen, die dein Herz dir sagt, zu dem, was deine Augen vor sich sehen.

10 | Halte deinen Sinn von Ärger frei und schütz deinen Leib vor Krankheit; denn die Jugend und das dunkle Haar sind Windhauch.

1 | Denk an deinen Schöpfer in deinen frühen Jahren, ehe die Tage der Krankheit kommen und die Jahre dich erreichen, von denen du sagen wirst: Ich mag sie nicht!,

2 | ehe Sonne und Licht und Mond und Sterne erlöschen und auch nach dem Regen wieder Wolken aufziehen.

„Denk an deinen Schöpfer in deinen frühen Jahren, ehe die Tage der Krankheit kommen und die Jahre dich erreichen, von denen du sagen wirst: Ich mag sie nicht!", gibt Kohelet den Menschen damals und uns heute mit auf den Weg.

Aus seinen Worten klingt wenig Optimismus und gleichzeitig viel Verständnis. Es fällt uns schwer zu akzeptieren, krank und gebrechlich zu sein. Eigentlich wendet sich Kohelet an junge Menschen und empfiehlt ihnen, ihr Leben zu genießen und zu gestalten, denn es wird eine Zeit kommen, in der dies nicht mehr geht. Vielleicht sagen das auch heute die Älteren ihren Kindern und Enkelkindern aus ihrer Erfahrung heraus – wohl wissend, dass das Alter von dem geprägt ist, was wir in jungen Jahren erlebt und getan haben oder eben auch nicht getan haben: Verpasste Lebenschancen, Enttäuschungen und erlittenes Unrecht können sich in der Einsamkeit des Alters tief in uns Menschen hineinfressen und geradezu das Licht und die Sonne verdunkeln.

„DENK AN DEINEN SCHÖPFER“, sagt Kohelet – lebe im Vertrauen darauf, dass du gewollt und geliebt bist von deinem Gott; und das nicht nur in deiner vollen Schaffenskraft, sondern immer, auch im Alter, wenn die Kräfte schwinden. Für Gott zählt nicht, was wir leisten und wozu wir nütze sind, sondern ob wir ihm vertrauen und ihm einen Platz in unserem Leben geben.

Ich bin nicht vom Himmel gefallen.
Vor Jahren zur Welt gebracht,
taste ich mich im Leben voran.
Am Anfang mit Händen und Füßen,
dann manchmal geführt,
inzwischen immer öfter freihändig.
Ich treffe Entscheidungen und gehe meinen Weg.
Ich mache Erfahrungen, die ermutigen,
und manchmal bin ich am Boden zerstört.
Gut, wenn andere mitgehen, meinen Weg teilen.
Gut, wenn ich nicht immer alleine unterwegs bin
und mich ab und an anderen mitteilen kann.
So wächst mit dem Weg die Erfahrung
und die Kraft, die Ermutigung zum Leben.
Einen Augenblick lang. Und gerne auch zwei.
Oder drei?

Du – „**ICH BIN DA**.“

STERNEN HIMMEL

SCHAUEN SIE DENN MANCHMAL ZU DEN STERNEN? Gerade in klaren, kalten Winternächten bietet sich ein phantastischer Weitblick. Es ist ein Gefühl von Unendlichkeit, mit dem das Universum uns beschenkt.
Und während die Sterne am Nachthimmel blinken, denke ich an die Sterndeuter vor 2000 Jahren. Sie brechen auf, um den neugeborenen König zu suchen, von dessen Ankunft ein Stern künden soll. Es müssen sensible Menschen gewesen sein mit einem Gefühl dafür, woher sie kommen, wo sie ihren Standort haben und nicht zuletzt, welchem Stern zu folgen lohnt.

Was ließ sie aufbrechen? Was hat sie angerührt, dem Stern zu folgen und diese Strapazen auf sich zu nehmen?

Eine Antwort gibt ein Steinrelief in der Kathedrale von Autun in Frankreich. Im 12. Jahrhundert meißelt dort ein Steinmetz die drei Weisen schlafend. Über ihren Köpfen der Stern, dem sie folgen sollen. Noch sind sie vom Stern abgewandt. Aber der Engel, der einen von ihnen ganz umsichtig, ja zärtlich mit seinem Finger berührt, zeigt mit der anderen Hand auf den Stern über ihnen. Der Engel steht für Gottes Berührungen. Gottes Berührungen sind oft eher zart und leise als fordernd und unüberhörbar.

Davon erzählt dieses Bild. Ist es nicht so, dass Sie und ich oft andere Vorstellungen haben, wie Gott zu uns sprechen möge: klar und deutlich ... unmissverständlich ... dann, wenn wir eine Antwort brauchen, aber keine finden ...

Das Bild spricht eine andere Sprache: Gott berührt im Traum, in der Stille der Nacht. Gott packt nicht zu, er stößt nicht vor den Kopf. Gottes Berührung, so unser Bild, können bisweilen ganz kleine Anstöße sein:

- ein Gedanke in der Nacht
- ein Satz, den ich lese und der mir in Erinnerung bleibt
- eine Begegnung, ein Blick in die Augen eines anderen
- die Hand, die mir über den Kopf streicht
- ein Bild, ein Foto, ein Erlebnis, das mich nicht loslässt

Ja, Gott ist anders, als wir ihn mitunter denken und uns vorstellen. Davon erzählt auch das Erlebnis des Propheten Elija am Gottesberg Horeb:

1 Könige 19, 10–13

09| Dort ging er in eine Höhle, um darin zu übernachten. Doch das Wort des Herrn erging an ihn: Was willst du hier, Elija?

10 | Er sagte: Mit leidenschaftlichem Eifer bin ich für den Herrn, den Gott der Heere, eingetreten, weil die Israeliten deinen Bund verlassen, deine Altäre zerstört und deine Propheten mit dem Schwert getötet haben. Ich allein bin übrig geblieben und nun trachten sie auch mir nach dem Leben.

11 | Der Herr antwortete: Komm heraus und stell dich auf den Berg vor den Herrn! Da zog der Herr vorüber: Ein starker, heftiger Sturm, der die Berge zerriss und die Felsen zerbrach, ging dem Herrn voraus. Doch der Herr war nicht im Sturm. Nach dem Sturm kam ein Erdbeben. Doch der Herr war nicht im Erdbeben.

12 | Nach dem Beben kam ein Feuer. Doch der Herr war nicht im Feuer. Nach dem Feuer kam ein sanftes, leises Säuseln.

13 | Als Elija es hörte, hüllte er sein Gesicht in den Mantel, trat hinaus und stellte sich an den Eingang der Höhle.

DIE STERNDEUTER, DER PROPHET ELIJA, SIE UND ICH HEUTE ... wer Gott begegnen will, den Weg entdecken will, auf den Gott ihn ruft, braucht ein sensibles Gespür, eine heimliche Ahnung, die Bereitschaft zum Hinhören auf die Botschaft Gottes für uns Menschen.

Mag sein, dass mancher belächelt wird, wenn er „seinem" Stern folgt. Die Bibel erzählt uns nicht, ob die drei Sterndeuter nicht auch von Bekannten und Freunden verlacht wurden wegen ihrer scheinbar fixen Idee. Rückblickend hat mancher Anfang eines großen Werkes auch seine Spötter, etwas Lächerliches. Die Bibel hält fest, dass hier drei Menschen, die nicht zum „auserwählten Volk Gottes" gehörten, nicht zu den fleißigen Kirchenbesuchern damals zählten, die Berührung Gottes in ihrem Leben gespürt haben und dieser Spur folgten. Gottes Herz ist viel weiter als die Mitgliederkartei unserer großen Religionsgemeinschaften.

Nehmen Sie sich dieses Bild der schlafenden Sterndeuter mit ins Leben als eine Mutmachgeschichte:

Als die Sterndeuter „ihren" Stern entdecken, hält sie nichts mehr. Sie wagen den Aufbruch und lassen Gestern gestern sein. Das Licht des Palastes und der Großstadt blendet sie nicht. Sie behalten die Orientierung trotz Umwegen und findigen Täuschern wie dem König Herodes. Und sie finden den menschgewordenen Gott so ganz anders, als sie und viele ihn vielleicht erwartet haben.

Ich wünsche Ihnen die Zeit für einen Blick zum Sternenhimmel. Folgen Sie „Ihrem" Stern, der in Ihnen die Sehnsucht weckt nach Gottes Gegenwart, Gottes ganz persönlichen Berührungen, Ihrer persönlichen Lebens- und Glaubensgeschichte. Lassen Sie sich nicht blenden. Gott ist auch heute noch anders, als viele ihn erwarten.

GOTT, ich stehe vor dir.

In meinem Herzen erinnere ich Menschen,
denen ich begegnet bin.
Es kommen mir Fragen, auf die ich noch keine Antwort weiß.
Ich nehme wahr, dass manches zum Himmel schreit.
Manchmal bin ich ratlos und ohne Mut.
Hörst du es? Siehst du es, was Menschen umtreibt?
Bist du dort oben oder mitten unter uns?
Komm mir, komm uns entgegen.

Du – „**ICH BIN DA**."

2

SINNZEIT _ IN DREI REIHEN

REIHE

WIE SEHEN HELDEN AUS? WIE SPIDERMAN, ROBIN HOOD, MAHATMA GANDHI, DIE JUNGFRAU VON ORLEANS? AUSSERGEWÖHNLICH? IM KONTRAST ZU IHRER UMGEBUNG? VON WEITEM ZU ERKENNEN?

Nun, ich denke, beim einen oder anderen Namen meiner willkürlichen Aufzählung hat es bei Ihnen „klick“ gemacht und Sie hatten ein Bild, wie Sie sich diese Person vorstellen oder sie aus Filmen kennen.
Ähnlich betreiben lässt sich das mit Heiligen. Den heiligen Sebastian erkennen Sie und ich vermutlich an den Pfeilen seines Martertodes, die Mutter Maria am Jesuskind auf ihrem Arm und den heiligen Michael an der Lanze, die er dem Drachen in den Schlund rammt.

Aber sehen Helden, Heilige so aus wie hier auf den Bildern? So gewöhnlich? So alltäglich?

Als ich in Künzelsau die Kunstausstellung Würth besuchte, fielen mir die Plastiken des Künstlers Stephan Balkenhol auf. In der Ausstellung standen die im Original etwa 20 cm hohen bemalten Holzfiguren als Gestalten in Alltagskleidung auf Sockeln wie auf einer Heiligengalerie. Aber sehen Heilige, Helden so aus? – Warum eigentlich nicht so?, frage ich mich, frage ich Sie. Warum nicht aussehen, wie die Verkäuferin im Kleidergeschäft, die Mutter am Kindergarten, der leitende Angestellte in der Bank oder der Fachmann für Heizung und Sanitär?

HELDEN DES ALLTAGS

Wer die Internetseite von Professor Mendl aus Passau besucht, begegnet dort „Helden vor Ort“, die er aus Zeitungsmeldungen und eigenem Material zusammengestellt hat. Es sind Menschen, die in einer bestimmten Situation etwas nicht unbedingt Selbstverständliches getan haben oder tun – aus Überzeugung, aus gewachsenem Mut, aus Anteilnahme, aus Liebe. Vier von 400 dort dokumentierten „Helden vor Ort“ können Sie nun in Kurzporträts begegnen *(www.phil.uni-passau.de/local_heroes/index.htm)*:

1. **PAUL GRÜNINGER**, der damals 48-jährige Polizeikommandant des Kantons St. Gallen und zuständig für Flüchtlingsfragen, verhalf in den Jahren 1938/39 Hunderten, vielleicht sogar noch mehr jüdischen Österreichern und Deutschen zur Flucht in die Schweiz. Grüninger fälschte Dokumente, manipulierte Zahlen, fingierte Vorladungen, lotste Flüchtlinge über die Grenze und gab den Behörden unrichtige Auskünfte. Er wurde deswegen von einem Schweizer Gericht verurteilt und ist bis heute noch nicht rehabilitiert. Was diesen unauffälligen Beamten mit dem stets schnurgeraden Mittelscheitel, Mitglied der Freisinnig Demokratischen Partei (FDP), leidenschaftlicher Fußballer, bewog, gegen die Schweizer Gesetze zu verstoßen, ist auch heute noch ein Rätsel. Er tat es aus Menschlichkeit, sagen einige jener Leute, die ihm ihr Leben zu verdanken haben. „Ich würde es heute wieder tun“, sagte der mutige Mann viele Jahre später.

2. Wie finden eigentlich Menschen zu dem Thema, das sie vielleicht ein Leben lang begleitet? Bei **MONIKA HAUSER**, 1959 als Tochter Südtiroler Eltern in der Schweiz geboren, waren es Gespräche und Bücher – Gespräche mit der Großmutter über Gewalterfahrungen von Frauen und Mädchen in den Südtiroler Dörfern, Gespräche mit den Eltern über

den Zweiten Weltkrieg, bei denen sie auf viel Schweigen und auf Verständnis für Hitler stößt, Bücher über den Nationalsozialismus und die Shoa und die Erkenntnis, dass ihr Großvater ein Mitläufer war. Mitleid mit Verfolgten und Empörung über Unrecht werden zu dem Motor, der Monika Hauser zum Handeln oft über ihre eigenen Grenzen hinaus antreibt.

Worüber niemand gerne redet, ist ihr Lebensthema geworden: die Vergewaltigung von Frauen. Schonungslos offen berichtet die Ärztin Monika Hauser über die sexuelle Gewalt, die Frauen in den Kriegs- und Krisengebieten dieser Welt angetan wird.

3. **JOSEF LIEBL** steht am Fenster des neuen Hauses. Er beobachtet, wie seine Frau Magdalena zwei schwere Einkaufstaschen die Straße hochträgt. „Schau mal", sagt der 74-Jährige zu seiner Tochter Alexandra Eibl. „Der Frau muss man doch helfen." In Jogginghose und Pantoffeln flitzt er ihr entgegen. Dass es die eigene Frau ist, der er hilft, weiß Josef Liebl schon lange nicht mehr. Der 74-Jährige ist hochgradig dement.

Die Katastrophe ist im Herbst 2003 perfekt. Alexandra Eibl holt den Vater aus der Kurzzeitpflege ab. „Die Frau kenne ich nicht", weigert sich Josef Liebl, die eigene Tochter nach Hause zu begleiten.

Mittlerweile haben sich die Eibls an die Situation gewöhnt. „Wir können halbwegs damit umgehen", sagt Martin Eibl. „Es gab aber mehrere Situationen, da war ich mit meiner Kraft am Ende", gesteht seine Frau Alexandra. Und heute? „Heute ist es auch noch schlimm. Gerade an Geburtstagen und Weihnachten. Aber wir haben alle dazugelernt. Heute akzeptieren wir die Situation."

4. Mit einem absichtlichen Eigentor nach einem unfair erzielten Treffer hat ein Fußball-Spielertrainer in einem Kreisliga-Spiel Fairplay vorgelebt. Im Spiel zwischen dem SV Schwörstadt und dem FC Grenzach in Südbaden war es kurz vor der Pause zu einer Verletzung eines Gäste-Spielers gekommen. Statt den Ball wie üblich ins Aus zu spielen, beförderte ein Schwörstädter das Leder zum allgemeinen Erstaunen zum 1 : 1 ins gegnerische Tor. Der Grenzacher Torwart reagierte nicht. Dem Schiedsrichter blieb nichts anderes übrig, als auf Tor zu entscheiden. Was folgte, waren wilde Proteste und eine große Geste: Spielertrainer Urs Keser wartete den nächsten Angriff ab – und schoss ein absichtliches Eigentor. „Wir hatten Abstoß und da habe ich zu meinem Torwart gesagt, gib mal den Ball her. Dann hab' ich ihn von der Strafraumgrenze aus in unser Tor geschossen. Ich wollte das wieder geradebiegen, denn das gehört sich einfach nicht. Das ist nicht unsere Art, meinem Spieler tut das auch leid", sagte Keser, den die vielen positiven Reaktionen im Anschluss überraschten: „Ganz viele haben mich angerufen und gesagt, was für ein toller Typ ich doch bin. Dabei ist das doch normal, was ich gemacht habe", meinte Keser. Am Ende gewann Grenzach übrigens mit 3 : 2 Toren. „Wir haben verloren, ja und? Wenn wir mit diesem Tor gewonnen hätten, hätten wir uns auch nicht freuen können", sagte Keser.

PHILIPPER 4, 6–8

06 | Sorgt euch um nichts, sondern bringt in jeder Lage betend und flehend eure Bitten mit Dank vor Gott!

07 | Und der Friede Gottes, der alles Verstehen übersteigt, wird eure Herzen und eure Gedanken in der Gemeinschaft mit Christus Jesus bewahren.

08 | Schließlich, Brüder: Was immer wahrhaft, edel, recht, was lauter, liebenswert, ansprechend ist, was Tugend heißt und lobenswert ist, darauf seid bedacht!

GOTT, ich stehe vor dir.

Manchmal fühle ich mich groß und stark.
Ich bin zur rechten Zeit am richtigen Ort.
Ich finde die passenden Worte, packe zu und packe an.
Aber ich kenne auch meine schwachen Seiten.
Ich bin unentschlossen, hilflos, ratlos.
Gib mir Zutrauen zu mir selbst.
Lass mich aufmerksam sein,
wo ich, wie ich bin,
gebraucht werde
vom einen auf den anderen Augenblick
oder verlässlich und geduldig.

Du – „**ICH BIN DA**.“

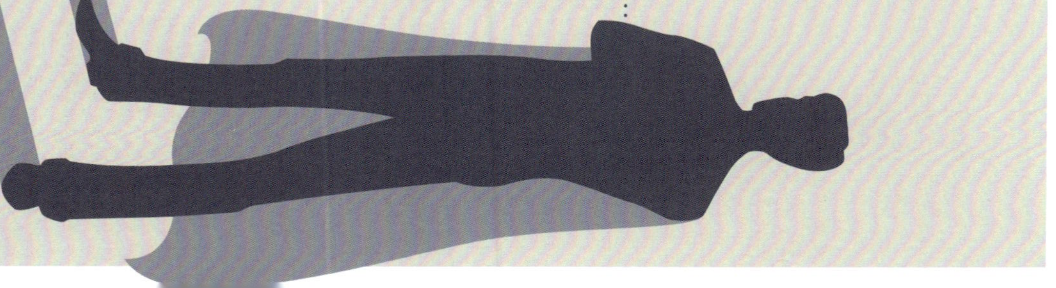

SCHÖN → BILD → SEHER

KALEIDOSKOP – Ein Schönbildseher – so ein Fernrohr mit bunten Teilchen darin, die sich durch Drehen immer neu sortieren – war für unsere Vorfahren eine angenehme Unterhaltung. Im Alltagsgrau, in Sorgen oder einfach zur Kurzweil lieferte es immer neue Bild-Variationen. Heute setzen sich die Menschen vielleicht vor den Flachbildschirm, ins Kino oder gehen in ein Musical, um angenehme Unterhaltung zu finden, schöne Bilder zu sehen. Die bunten Illustrierten in den Wartezimmern und am Kiosk, Millionen von Internetseiten und zig Millionen von Farbprospekten haben dem Kaleidoskop, dem Schönbildseher unserer Vorfahren, den Rang abgelaufen. Die Menschen unserer Tage baden in der Flut der bunten Bilder, deren Farben immer greller und deren Lieferung immer schneller wird. Die Menschen kommen aber auch in Strömen, wenn große Ausstellungen bekannte und unbekannte Bilder zeigen, und verweilen stumm vor einem Original, das sie sonst nur von Postkarten und Kalenderblättern kennen.

Es muss, so kommt mir der Gedanke, doch in uns Menschen einen Hunger nach schönen, ansprechenden Bildern geben: Bilder, die etwas in uns anrühren, berühren. Bilder, die über das Einerlei des „Jeden Tag immer wieder“ hinausweisen. Bilder, in denen wir träumen, über uns hinauswachsen, in denen wir zu uns selbst finden können.

Welche Bilder fallen Ihnen, fallen mir ein, die uns wichtig geworden sind für unser Leben? Bilder, die nicht nur kurz unsere Aufmerksamkeit finden und auch schon wieder weg sind, sondern die in uns einen Platz haben, an der Wand unserer Wohnung?

Ja, ich glaube und hoffe, dass jede und jeder von uns so ein Bild, solche Bilder in sich trägt, die schön sind, aufrichten, davon erzählen, dass es die Erde **UND** *den Himmel, die Zeit* **UND** *die Ewigkeit gibt.*

EIN Urbild dafür ist der Regenbogen. Seit es Menschen gibt, staunen sie über die Erscheinung des Regenbogens. Wenn bei tiefstehender Sonne ihre Strahlen, vielfach gebrochen, von Regentropfen zurückgespiegelt werden und wie durch Zauber der bunte Bogen erscheint, dann ruft, wer ihn zuerst sieht, begeistert den anderen zu: **SCHAUT, EIN REGENBOGEN!** Und alle blicken auf das Naturschauspiel. Es gibt hier überhaupt keinen Unterschied zwischen uns heutigen Menschen und unseren Vorfahren vor zehntausend oder hunderttausend Jahren. Auch wenn der moderne Mensch, weil Physiker, genau versteht, warum und wie es zu dem strahlenden Halbkreis kommt, während sein Ahne in der Savanne von dieser Ursachenkette nicht das Geringste wusste, so ist der unmittelbare Eindruck bei beiden doch derselbe: **WIE SCHÖN!**

Ob die Erscheinung etwas bedeutet? Diese Frage kommt nicht allen Beobachtern in den Sinn. Manchem mag es genügen, zu wissen, dass physikalisch betrachtet der Mittelpunkt des Kreises exakt in der Verlängerung der Linie zwischen Sonne und Auge liegt. Ganz anders stellt sich die Frage nach der Bedeutung den gläubigen Menschen, die als Juden oder Christen die folgende Lesung aus dem ersten Buch des Alten Testamentes oft von Kindheit an kennen:

GENESIS 9, 12–17

12 | Und Gott sprach: Das ist das Zeichen des Bundes, den ich stifte zwischen mir und euch und den lebendigen Wesen bei euch für alle kommenden Generationen:

13 | Meinen Bogen setze ich in die Wolken; er soll das Bundeszeichen sein zwischen mir und der Erde.

14 | Balle ich Wolken über der Erde zusammen und erscheint der Bogen in den Wolken,

15 | dann gedenke ich des Bundes, der besteht zwischen mir und euch und allen Lebewesen, allen Wesen aus Fleisch, und das Wasser wird nie wieder zur Flut werden, die alle Wesen aus Fleisch vernichtet.

16 | Steht der Bogen in den Wolken, so werde ich auf ihn sehen und des ewigen Bundes gedenken zwischen Gott und allen lebenden Wesen, allen Wesen aus Fleisch auf der Erde.

17 | Und Gott sprach zu Noach: Das ist das Zeichen des Bundes, den ich zwischen mir und allen Wesen aus Fleisch auf der Erde geschlossen habe.

So wird das wunderbare Bild des Regenbogens zu einem packenden Symbol: ein Gewölbe aus Licht, das sowohl Himmel und Erde verbindet. Der Regenbogen wird in diesem Deutungszusammenhang zum Kaleidoskop Gottes für uns Menschen, zur Einladung zum Glauben: „So schön und wunderbar wie dieses Farbenspiel kann das Leben und Zusammenleben sein."
Ich wünsche Ihnen und mir, dass dieses Bild des Regenbogens nicht nur unsere Augen fasziniert, sondern wir die Überzeugung unserer jüdischen Schwestern und Brüder im Glauben teilen: Gott hält den Menschen seine Treue. Gott steht zu seinem Wort. Die Brücke zwischen Himmel und Erde ist geschlagen.

Dieses Bild des Regensbogens kann uns aufrichten, wenn wir es von Zeit zu Zeit am Horizont entdecken dürfen. Und wir können mit den Worten von Huub Osterhuis sprechen:

„Du bist nicht sichtbar für unsre Augen, und niemand hat dich je gesehn. Wir aber ahnen dich und glauben, dass du uns trägst, dass wir bestehn.“

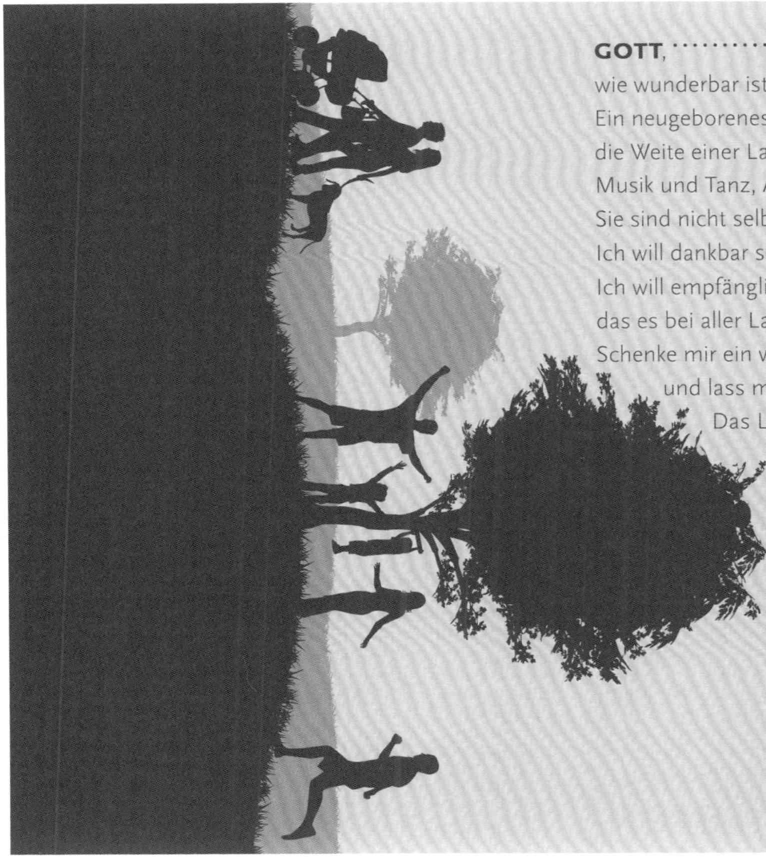

GOTT,
wie wunderbar ist manchmal das Leben:
Ein neugeborenes Kind, das Kribbeln im Bauch,
die Weite einer Landschaft, Wachsen und Reifen,
Musik und Tanz, Arbeit und Brot sind Geschenke.
Sie sind nicht selbstverständlich.
Ich will dankbar sein dafür.
Ich will empfänglich sein für das Gute und Schöne,
das es bei aller Last und Mühe im Leben ebenso gibt.
Schenke mir ein weites Herz, offene Augen und Ohren
und lass mich immer wieder spüren:
Das Leben ist schön.

Du – „**ICH BIN DA**.“

BRUTTO SOZIAL GLÜCK

Vermutlich kennen die meisten von Ihnen den Schlager von „Geier-Sturzflug“ aus den Achtzigerjahren: *„Wenn früh am Morgen die Werksirene dröhnt und die Stechuhr beim Stechen lustvoll stöhnt, ja ... dann wird wieder in die Hände gespuckt ... wir steigern das Bruttosozialprodukt. Ja, dann wird wieder in die Hände gespuckt ... wir steigern das Bruttosozialprodukt.“*

Vermutlich hat dieses Lied den Begriff des Bruttosozialproduktes bekannt gemacht und gleichzeitig schon damals auf die Schippe genommen: Alle schaffen rund um die Uhr mit vollem Einsatz für immer mehr Dinge, die man zum großen Teil nicht braucht und die dann wieder im Müll landen. Aber: **WIR STEIGERN DAS BRUTTOSOZIALPRODUKT.**

Das Bruttoinlandsprodukt (BIP) – so die heutige Bezeichnung – gibt den Gesamtwert aller Waren und Dienstleistungen an, die innerhalb eines Jahres innerhalb der Landesgrenzen einer Volkswirtschaft hergestellt wurden und dem Endverbrauch dienen. Am Bruttoinlandsprodukt wird die wirtschaftliche Leistung der Länder gemessen. Es geht um harte Fakten und letztlich um Geld, Geld, Geld ... und im besten Falle aus dieser Sicht um immer mehr Geld.

Aber was sagt dieser Wert über das Glück, das Wohlergehen und den Wohlstand eines Menschen in Luxemburg (höchstes BIP), in Deutschland (mittleres BIP) und in Lettland (Schlusslicht des BIP) aus?

Diese Frage stellte sich wohl auch 1972 der König von Bhutan, einem kleinen Land im Himalaya. Er erklärte schon damals: „Bruttosozialglück ist wichtiger als das Bruttosozialprodukt." Und diese Feststellung bringt er auch in die Verfassung ein.

ER BEMISST DIESES BRUTTOSOZIALGLÜCK ÜBER VERSCHIEDENE PUNKTE:

- die wirtschaftliche Entwicklung
- Umweltschutz
- den Erhalt des kulturellen Erbes
- Bildung
- Gesundheit
- psychisches Wohlbefinden
- die Nutzung der Zeit
- den Lebensstandard der Menschen und
- „die gute Staatsführung"

Langfristig sollen mit dem Bruttosozialglück ein erfolgreiches Leben für alle und eine Balance zwischen äußeren Einflüssen und innerer Einkehr geschaffen werden, Wirtschaft und Umweltschutz sollten auf einer Ebene stehen, das soziale Miteinander soll sich erneuern und die Welt durch gute Einflüsse verändert werden. Ein fernöstlicher Traum? Eine Spinnerei aus einer anderen Welt? Für mich ist dieser Begriff und seine verschiedenen Anforderungen eine Anfrage an Sie und an mich, was in diesem System, unserem glorifizierten und an seine Grenzen gekommenen System des Wirtschaftswachstums, in dem wir uns bewegen, falsch läuft. Ich kann es auch poetischer sagen mit Worten von Bodo Rieger:

„Wir brauchen immer mehr Zeit, um Zeit zu sparen. Wir brauchen immer schnellere Autos, um immer langsamer zu fahren.

Wir brauchen immer mehr Maschinen und immer weniger Menschen. Wir brauchen immer mehr Versprechen für immer weniger Wahrheit. Wer hat uns das gelehrt?

Am Ende haben wir alles verbraucht:
Erde, Luft, Wasser, Energien, Geist, Gefühl, Hoffnungen und Menschen.
AM ENDE HABEN WIR UNSEREN PLANETEN VERBRAUCHT. WAR ES DAS WERT?“

Manchmal sind Wochen und Tage des Urlaubs eine Chance, einmal ein Stück hinter das Gewohnte, das Eingeübte, das Allzuselbstverständliche zurückzutreten und einen neuen Blickwinkel, neue Blickachsen zu probieren: **WAS MACHT SIE, WAS MACHT MICH GLÜCKLICH?**

An einem Urlaubstag war ich mit meiner Frau zusammen auf dem Franziskusweg in der Rhön unterwegs. Zu Beginn ist eine Skulptur des heiligen Franziskus zu sehen, dessen Inneres golden gestaltet ist. Davor findet sich als Anmerkung der Künstlerin der Satz: „Franziskus musste erst innerlich leer werden, um Raum zu schaffen für das Neue, das ihm Wertvolle. Vom äußeren zum inneren Reichtum.“

„Raum schaffen für das Neue, das ihm Wertvolle. ... Vom äußeren zum inneren Reichtum“ finden – darin liegt für mich ein roter Faden, um zum inneren Glück zu finden, dem Schatz, der in jedem von uns geborgen, bisweilen auch verborgen ist.

Gibt es so einen roten Faden auch in der Bibel, im Wort Gottes? Ja, den gibt es. Mir hat mein Religionslehrer im Gymnasium ein einfaches und nachhaltiges Wort mitgegeben. Er sagte immer wieder: „An Jesus und seinem Leben können wir als Menschen ablesen, abschauen, wie Gott sich ein gelungenes Leben vorstellt." Ja, er sagte bewusst ein „gelungenes" Leben und er meinte damit ein erfülltes, sinnvolles und von der Nähe und Liebe geprägtes Leben. Und wenn ich mit Ihnen zusammen nachlese, wie die ersten Christen ihr Leben und Zusammenleben gestalteten, dann sind wir schon nah an dem **„BRUTTOSOZIALGLÜCK DER GEMEINDE JESU"**, von dem uns in der Apostelgeschichte berichtet wird:

APOSTELGESCHICHTE 2, 43–47

43 | Alle wurden von Furcht ergriffen; denn durch die Apostel geschahen viele Wunder und Zeichen.

44 | Und alle, die gläubig geworden waren, bildeten eine Gemeinschaft und hatten alles gemeinsam.

45 | Sie verkauften Hab und Gut und gaben davon allen, jedem so viel, wie er nötig hatte.

46 | Tag für Tag verharrten sie einmütig im Tempel, brachen in ihren Häusern das Brot und hielten miteinander Mahl in Freude und Einfalt des Herzens.

47 | Sie lobten Gott und waren beim ganzen Volk beliebt. Und der Herr fügte täglich ihrer Gemeinschaft die hinzu, die gerettet werden sollten.

Gemeinschaft, Zusammenhalt, Begegnung mit Gott und untereinander, Teilen mit Menschen in Not, überschwängliche Freude, aufrichtige Herzlichkeit – das sind Stichworte des Bruttosozialglücks der Christen in den Jahren 80 bis 100 nach Christi Geburt.
Klingt das für uns heute wie eine Erzählung aus dem Orient, eine Geschichte aus Tausendundeiner Nacht?

Ich glaube, dass das Bruttosozialglück viele Namen hat, wir dieses Glück auch in unserer Zeit erfahren und finden können:

- Wir können uns an den Stichworten der Urgemeinde orientieren und uns für diesen Lebensstil stark machen.
- Wir können auf Jesus und sein Lebensbeispiel schauen und uns seine Menschlichkeit zu eigen machen.
- Menschen engagieren sich für die Umwelt, für die Kultur;
- andere hören ihren Mitmenschen zu, die alleine nicht mehr ihres Lebens froh werden;
- die Zahl derer, die sich ehrenamtlich in Vereinen und Rettungsdiensten engagieren, ist bei aller Klage über den Ehrenamtlichenmangel dennoch beachtlich und keineswegs selbstverständlich.
- Und die Zahl derer wächst, die in ihrer Prioritätenliste die Familie, die Gesundheit und die eigene Überzeugung ganz vorne platzieren.
- Und nicht zuletzt wächst die Sensibilität, dass psychisches Wohlbefinden eine unverzichtbare Voraussetzung für die Gesundheit ist. Viele entscheiden sich: Weniger ist mehr.

Ich bin mir sicher, dass Sie und ich noch weitere Beispiele finden, wo das Bruttosozialglück schon heute dem einseitigen Tunnelblick auf das Bruttosozialprodukt gehörig Konkurrenz macht.

Ich wünsche Ihnen und mir nicht nur in der Urlaubszeit schöne Erfahrungen, dass brutto sozial auch netto glücklich macht.

GOTT,

ja, es gibt sie, die Momente im Leben, in denen ich glücklich bin:
Vor mir liegt die Weite der Landschaft.
Die Welle des unendlichen Meeres rollt am Ufer aus.
Der Brief ist geschrieben. Das Wort gesprochen.
Eine Hand schiebt sich zärtlich in die meine.
Ich bin stolz darauf, was ich geschafft habe.
Innehalten. Glück wahrnehmen.
Zum Glück kann ich es dann und wann.
Mein Atem geht ruhig. Mein Herz schlägt.
Ein Glück, dass es mich gibt. Ein Glück, dass es dich gibt.

Du – „**ICH BIN DA**.“

„Ich stehe vor dem Spiegel und wasche mein Gesicht. Ich streiche den Pony beiseite und frage mich, ob man ihn wohl selber erkennen kann, diesen Stempel. Mein Ruf hat es soeben mal wieder geschafft, sich meinem Glück in den Weg zu stellen. Die zwei haben sich noch nie so wirklich vertragen.“

Kennen Sie diese Erfahrung, die eine Frau namens Alicia in einem Internetforum beschreibt? Es gibt so viele unsichtbare Stempel auf der Stirn, im Kopf: Nichtsnutzig. Streberhaft. Frühreif. Single. Macho. Stehaufmännchen. Vom anderen Ufer. Übereifrig. Sozial. Verlierer. Sozialschmarotzer. Machtgeil. Gefühlskalt. Egoist. Übermutter.

ACHTEN STATT ÄCHTEN

„Mein Ruf hat es soeben mal wieder geschafft, sich meinem Glück in den Weg zu stellen.“
Da liegt der wunde Punkt von Stempeln, Vorurteilen, Bildern von Menschen. Sie lassen kein neues Glück, keinen neuen Anfang zu. Sie machen Leben eng und festgelegt.

ALICA SCHREIBT WEITER: *„Wenn ich einen neuen, bisher noch ahnungslosen Menschen kennenlerne, muss ich immer erstmal provisorisch meinen Pony über die betroffenen Stellen kämmen. Ansonsten bleibt mir wohl nur noch zu hoffen, dass es auch noch einen Menschen gibt, dem die Meinung der Außenstehenden egal ist. Einen Menschen, der mir zärtlich die Strähnen aus dem Gesicht streicht, sanft meine Stirn küsst und sagt: “Ich hab dich gern. So, wie du bist, und egal, was die anderen sagen ...”.*

„ICH HAB DICH GERN – SO WIE DU BIST.“ Dieser Satz geht runter wie Öl. Einem Menschen wie Alica, Ihnen, mir. Er ist die Antwort auf die menschliche Sehnsucht und Hoffnung, angenommen, geachtet und geliebt zu werden. Achtung und Respekt werden zum Schlüssel zu einem gelingenden Leben. In diesem Satz wird deutlich, dass ich so, wie ich bin, mit meinen Ecken und Kanten und meinen Fähigkeiten wertvoll bin. **WIE WICHTIG IST EIN SOLCHER SATZ! WIE SEHR KANN EIN SOLCHER ZUSPRUCH EIN LEBEN VERÄNDERN!** Lassen Sie mich an dieser Stelle den Blickwinkel weiten und zurückblenden zu einer Begebenheit vor 2000 Jahren. Der Evangelist Lukas erzählt uns da von einer tiefgreifenden Veränderung bei der Begegnung von Jesus und Zachäus:

LUKAS 19, 1–9

01 | Dann kam er nach Jericho und ging durch die Stadt.

02 | Dort wohnte ein Mann namens Zachäus; er war der oberste Zollpächter und war sehr reich.

03 | Er wollte gern sehen, wer dieser Jesus sei, doch die Menschenmenge versperrte ihm die Sicht; denn er war klein.

04 | Darum lief er voraus und stieg auf einen Maulbeerfeigenbaum, um Jesus zu sehen, der dort vorbeikommen musste.

05 | Als Jesus an die Stelle kam, schaute er hinauf und sagte zu ihm: Zachäus, komm schnell herunter! Denn ich muss heute in deinem Haus zu Gast sein.

06 | Da stieg er schnell herunter und nahm Jesus freudig bei sich auf.

07 | Als die Leute das sahen, empörten sie sich und sagten: Er ist bei einem Sünder eingekehrt.

08 | Zachäus aber wandte sich an den Herrn und sagte: Herr, die Hälfte meines Vermögens will ich den Armen geben, und wenn ich von jemand zu viel gefordert habe, gebe ich ihm das Vierfache zurück.

09 | Da sagte Jesus zu ihm: Heute ist diesem Haus das Heil geschenkt worden, weil auch dieser Mann ein Sohn Abrahams ist.

Jesu Grundhaltung in der Begegnung mit diesem Menschen ist Achtung und Respekt. Er geht auf ihn zu. Er setzt sich mit ihm an einen Tisch. Er isst und trinkt mit ihm. Und er hält ihm den Rücken frei vor den sogenannten ehrenwerten Leuten, die draußen vor dem Haus ihre Kommentare loswerden. So spürt Zachäus, dass da einer ist, dem die Meinung der Außenstehenden egal ist. So spürt Zachäus, dass dieser Jesus ihn annimmt, wie er ist. Das gibt ihm die Freiheit, sein Leben in einem anderen Licht zu sehen und es zu verändern. ....

EINE SCHÖNE GESCHICHTE, ABER NICHT ALLTAGSTAUGLICH IN UNSERER ZEIT? DOCH. EIN BEISPIEL:

Achtung und Respekt bringen auch die Gründer der „Work and Box Company", ein Schreinermeister und ein Sozialarbeiter in Taufkirchen in der Nähe von München, den Jugendlichen entgegen, die als schwererziehbar eingestuft, bei ihnen im Betrieb zu arbeiten anfangen. Der Schreiner Rupert Voß glaubt an den guten Kern in jedem Menschen. Diesen guten Kern in sich zu entdecken und zu entwickeln hilft er durch einen Ausbildungsvertrag und den Aggressionsabbau im Boxring, in den er selbst mit den Jugendlichen steigt. Er und der Sozialarbeiter Werner Makella konfrontieren die Jugendlichen mit den Folgen ihres Handelns, stellen sie vor ihre Verantwortung, aber sie werten sie nicht ab. Ihr Konzept hat Erfolg.

Jesus hat in der Begegnung mit Zachäus deutlich gemacht, was es heißen kann: **ACHTEN STATT ÄCHTEN**. Das Team der „Work and Box Company" lebt mit den Jugendlichen jeden Tag dieses Motto: **ACHTEN STATT ÄCHTEN.** Sie erfahren: „So, wie du bist, und egal, was die anderen sagen, will ich mit dir zu tun haben." Sie erleben, wovon Alicia träumt: ein Leben ohne Stempel. Die Chance eines neuen Anfangs.

GOTT, ich stehe vor dir.

Manchmal spüre ich, wie Menschen mich einordnen,
mir Etiketten aufdrücken, wie ich ihrer Meinung nach bin.
Manchmal merke ich, wie auch ich Menschen einordne,
meine Meinung über jemanden feststeht.
Das Leben wird dadurch oft eng. Mein Zutrauen schwindet.
Und ich traue anderen Gutes nicht zu.
Schenke Freiheit. Schenke Zutrauen.
LASS MICH ANDEREN ANERKENNUNG SCHENKEN
UND SELBST ANERKENNUNG FINDEN.

Du – „**ICH BIN DA**.“

WUNDERLAND WUNDENLAND LIEBE

„GIB MIR EIN KLEINES BISSCHEN SICHERHEIT IN EINER WELT, IN DER NICHTS SICHER SCHEINT. GIB MIR IN DIESER SCHNELLEN ZEIT IRGENDWAS, WAS BLEIBT."

In diesem Refrain des Liedes „Irgendwas bleibt" von Silbermond aus dem Album „Nichts passiert" spiegelt sich eine Grundsehnsucht von Menschen. Viele Menschen verbinden mit dieser Sehnsucht den Wunsch nach verlässlicher Partnerschaft, Freundinnen und Freunden, die mit ihnen durch dick und dünn gehen. Und, Gott sei Dank, es gibt sie ja auch, die Menschen, bei denen wir zuhause sind und zuhause sein können. Selbstverständlich ist das in keiner Weise. Nicht selbstverständlich, weil auch das Reich der Liebe Höhen und Tiefen kennt und diese Höhen und Tiefen ineinander übergehen. Vielleicht hilft Ihnen und mir, eine **„LANDKARTE VON DEM REICHE DER LIEBE"** zu betrachten, um mit den Höhen und Tiefen umgehen zu lernen. Die Landkarte hat ein Mensch im Mittelalter gezeichnet. Ich habe sie entdeckt in einer Ausstellung zum Thema „Glück" in Dresden.

Was hilft Ihnen und mir nun diese „Landkarte vom Reiche der Liebe" mit ihren mittelalterlichen Begrifflichkeiten und dem gesellschaftlichem Hintergrund von damals?

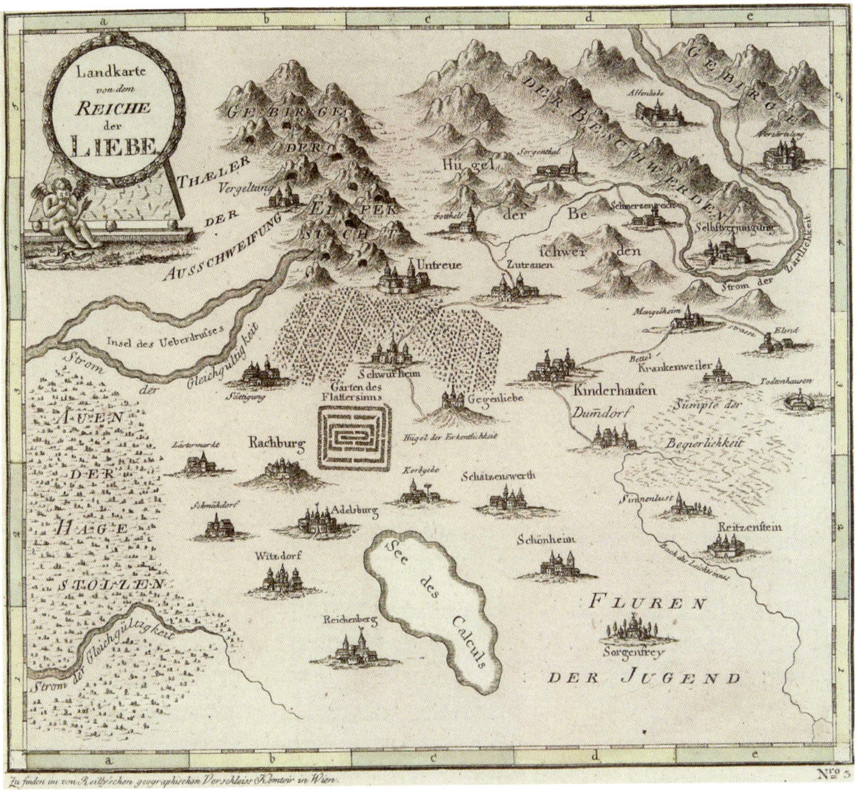

Allegorische Landkarten vom Reich der Liebe dienten im 18. und 19. Jahrhundert vor allem der Unterhaltung. Sie illustrieren Hoffnungen und Widrigkeiten eines Glücksversprechens und spiegeln zwischenmenschliche Beziehungen metaphorisch wider. In der Karte eingetragen sind beispielsweise Länder der Jugend, der glücklichen Liebe und der Lüste, Tränenstrom und Wonnefluss, Stadt der Träume oder Ehestandshausen.

⇢ Mir erzählt diese Karte, dass Liebe ein Wunderland ist: Dafür stehen Orte wie „Schätzenswerth“, „Gegenliebe“, „Zutrauen“. Dort, wo Menschen sich schätzen, die eigene Liebe Gegenliebe erfährt, wächst Zutrauen für den Weg, der eben auch Sorge, Schmerz, Älterwerden kennt. Dieser Weg führt am Strom der Zärtlichkeit entlang nicht in die Enge, sondern in die Weite und Reife des Zusammenlebens.

⇢ Namen wie Gleichgültigkeit, Vergeltung, Korbgebe und andere mehr erzählen aber auch vom **WUNDENLAND LIEBE**. Liebe gibt es nicht mit Garantieschein und Anspruch auf Dauer. Sie ist und bleibt ein Versprechen, das in Schwurheim gegeben, zwischen den Gebirgen der Eifersucht, den Hügeln der Beschwerden und die Sümpfe der Begehrlichkeit vor Augen immer neu eingelöst wird.

⇢ Ich glaube, es ist wichtig für Menschen, die als Partner und Liebende unterwegs sind, dieses Wortspiel vom Wunderland Wundenland Liebe zu kennen und anzuerkennen. Es gibt oft kein Entweder-oder, sondern eher ein Sowohl-als-auch. Leben und Zusammenleben ist vielschichtig und immer wieder Anfragen, Anstiegen und Gesamtwetterlagen ausgesetzt. Dafür steht damals die Bettelstraße.

Ich greife an dieser Stelle nochmal den Wunsch nach Sicherheit, nach Verlässlichkeit, von dem Silbermond singt, auf.

Finden Sie, finde ich einen Ort im Reich der Liebe, der für diese Sehnsucht steht, der eine Antwort verheißt? Für mich sind es die beiden Orte „Zutrauen“ und „Gotthelf“.

„ZUTRAUEN“ steht für mich für „Wir trauen uns … haben den Mut zu“ … „Wir vertrauen uns … vertrauen uns einander an.“ Wenn nicht an diesem Ort, wo sonst kann ich der, der ich bin, sein mit meinen Ecken und Kanten, meinen Fähigkeiten und meiner Zuneigung? Hier können auch Seiten von mir zum Vorschein kommen, die ich sonst vor mir und anderen tunlichst verberge.

Und **„GOTTHELF“**: „Gotthelf“ ist ein Ort, wo ich hingehen kann, wo wir hingehen können und Kraft schöpfen können für den Weg durchs Reich der Liebe und die Hügel der Beschwerden.

Vielleicht ist dieser Ort manchmal mit einem konkreten Bauwerk verbunden, wo Sie und ich uns einfinden und spüren: „Hier kann ich frei von der Leber weg sagen, was mich freut und bedrückt“. Und ich habe den Glauben, dass mir einer zuhört, der es gut mit meint, mir unter die Arme greift, es mit mir aushält in meiner Ratlosigkeit. Für mich ist so ein Ort eine alte Spitalkapelle. Für mich verkörpert sie, dass bei Gott auch Platz ist für alles Schwere. Er trägt mit, was das Herz schwer macht. Dazu ermutigt der Spruch: „Gib niemals auf, sondern vertraue auf die Erfahrung: Entweder macht Gott unsere Last leichter, oder er stärkt uns den Rücken. Gott steht dir bei, was auch immer dir der Tag bringen mag.“

Vielleicht steht **„GOTTHELF“** aber auch für Sätze oder Gedanken, die Sie oder ich manchmal mitten im Leben zuhause oder unterwegs formulieren: „Hilf mir, die richtigen Worte zu finden!“ „Schenke uns die Nähe und Treue zueinander.“ „Lass uns die Liebe zueinander spüren.“

Auch in „**GOTTHELF**“ liegen keine Garantiescheine zur Erfüllung aus. Aber es gibt die Einladung, zu glauben, dass Gott die Liebenden schützt und seine Liebe zu den Menschen dauerhaft und unwiderruflich ist. Egal, was Sie oder ich in unserem Leben erlebt haben, sagt Gott zu Ihnen und zu mir: „Du bist meine geliebte Tochter.“ „Du bist mein geliebter Sohn.“ **SO BESTÄRKT, KÖNNEN SIE UND ICH UNSEREN WEG WEITERGEHEN DURCH DAS WUNDERLAND WUNDENLAND LIEBE.** ....

LUKAS 3, 21–22

21 | Zusammen mit dem ganzen Volk ließ auch Jesus sich taufen. Und
während er betete, öffnete sich der Himmel,
22 | und der Heilige Geist kam sichtbar in Gestalt einer Taube auf ihn
herab, und eine Stimme aus dem Himmel sprach: Du bist mein geliebter Sohn, an dir habe ich Gefallen gefunden.

GOTT, ich stehe vor dir.

Ich bestaune das Wunder der Liebe, das Geschenk der Freundschaft.
Ich danke für Menschen, die mir Halt und Freundschaft schenken.
Ich danke für Menschen, die in meiner Nähe bleiben, wenn es
dick kommt, und mir auch nicht kündigen, wenn ich Mist gebaut habe.
Ich spüre auch meine wunden Stellen, die offenen Fragen,
die Erlebnisse und Erfahrungen, die nur langsam vernarben.
In Freude und Leid wünsche ich mir jemanden, der zu mir sagt:

Du – „**ICH BIN DA**.“

GEBEN UND NEHMEN

Ein altes Sprichwort behauptet einfach so: **„GEBEN IST SELIGER DENN NEHMEN."** Das heißt doch dann: Es macht Menschen froher, glücklicher, innerlich erfüllter, etwas zu geben, als etwas anzunehmen. Stimmt das? Haben die anderen, die lieber nehmen, die – wie man landläufig sagt – zum „Stamme Nimm" gehören, nicht doch viel mehr vom Leben?

Was hat es mit dem Geben auf sich? Wie geht es mir, wenn ich Zeit, Geld, Kraft, Aufmerksamkeit, Interesse schenke, zur Verfügung stelle, gebe? Geben, schenken können Menschen, die sich selbst und andere wertschätzen, um den Schatz in sich wissen und spüren, wo sie gebraucht werden, wie sie anderen eine Freude bereiten können. Ja, Geben kann froh machen, erfüllen, die kleine und große Welt positiv verändern. Oder doch nicht?

„Wenn jeder gibt, was er hat, dann werden alle satt" – trotz aller Bemühungen von Misereor, Brot für die Welt, Welthungerhilfe, Ärzte ohne Grenzen und vielen anderen Hilfswerken ist dies bis heute nicht geglückt. Oder besser: nicht in ausreichendem Maße, denn die Not erweist sich als „ein Fass ohne Boden". Ist der Liedtext also falsch?

Für andere ist Geben mehr zu einem Tauschhandel geworden: „Ich gebe, damit der andere, zum Beispiel aus Afrika, mir nicht morgen in Europa auf der Matte steht und meinen Wohlstand hier ebenso für sich einfordert." „Ich gebe, damit die andere, damit meine Freundin, mein Nachbar, mein Kollege endlich zufrieden ist."

Wieder andere geben, sorgen, engagieren sich gerne. Für sie gehört es zum Leben, einander zu beschenken mit Zeit, mit Rat, mit Geld, mit dem, was ich habe und andere brauchen. Das, was sie haben, sehen sie nicht als etwas an, was sie nur für sich haben, sondern was sie auch für andere haben. Ob prominent oder unbekannt – es kommt aus meiner Sicht nicht in erster Linie auf die Summe an, sondern auf die Haltung, mit der ich gebe, teile, schenke.

Und damit komme ich zurück auf den Liedtext **„WENN JEDER GIBT, WAS ER HAT, DANN WERDEN ALLE SATT."** – Dieses Lied schöpft aus dem Reichtum des Menschenbildes, das Jesus als Traum des Vaters vom Menschen verkündet hat:

- Wer daran glaubt, dass er von Gott geliebt und angenommen ist, der kann sich auch selbst und andere lieben und annehmen.
- Wer daran glaubt, dass Gott in Jesus den Menschen auf Augenhöhe begegnet, der wird auch selbst den Menschen auf Augenhöhe, mit Respekt und Achtung begegnen.
- Wer daran glaubt, dass im Reich Gottes alle satt werden können und miteinander teilen, der wird auch heute schon damit beginnen.

Jesu Menschenbild ist – zugegeben – radikal und revolutionär, es wühlt auf – nicht nur damals, sondern auch heute.

MATTHÄUS 5, 37–48

37 | Euer Ja sei ein Ja, euer Nein ein Nein; alles andere stammt vom Bösen.
38 | Ihr habt gehört, dass gesagt worden ist: Auge für Auge und Zahn für Zahn.
39 | Ich aber sage euch: Leistet dem, der euch etwas Böses antut, keinen Widerstand, sondern wenn dich einer auf die rechte Wange schlägt, dann halt ihm auch die andere hin.
40 | Und wenn dich einer vor Gericht bringen will, um dir das Hemd wegzunehmen, dann lass ihm auch den Mantel.
41 | Und wenn dich einer zwingen will, eine Meile mit ihm zu gehen, dann geh zwei mit ihm.

42 | Wer dich bittet, dem gib, und wer von dir borgen will, den weise nicht ab.
43 | Ihr habt gehört, dass gesagt worden ist: Du sollst deinen Nächsten lieben und deinen Feind hassen.
44 | Ich aber sage euch: Liebt eure Feinde und betet für die, die euch verfolgen,
45 | damit ihr Söhne eures Vaters im Himmel werdet; denn er lässt seine Sonne aufgehen über Bösen und Guten, und er lässt regnen über Gerechte und Ungerechte.
46 | Wenn ihr nämlich nur die liebt, die euch lieben, welchen Lohn könnt ihr dafür erwarten? Tun das nicht auch die Zöllner?
47 | Und wenn ihr nur eure Brüder grüßt, was tut ihr damit Besonderes? Tun das nicht auch die Heiden?
48 | Ihr sollt also vollkommen sein, wie es auch euer himmlischer Vater ist.

Es sind starke Worte, die Jesus da sagt. Und wir erleben ja auch täglich die Spannung zwischen dem Traum Gottes vom Menschen, wie Jesus ihn skizziert, und dem Alptraum von Menschsein, wie manchmal die Welt heute in der Nähe und Ferne ist. Die Geberqualitäten Jesu gehen an die Grenze dessen, was Sie und ich bisweilen für möglich halten. Aber Jesus macht uns Mut, an unsere Grenze zu gehen, ein Leben für andere zu wagen.

Aber – wird der eine oder die andere von Ihnen vielleicht jetzt denken: Vom Geben haben wir jetzt viel gehört. Wie steht es denn mit dem Nehmen? Fällt das „hinten runter"? Spielt das keine Rolle?

In der Tat ist diese Frage nach dem Nehmen ebenso eine ausgesprochen wichtige. Denn „wenn jeder gibt, was er hat", sich selbstlos verausgabt, bricht dann nicht vielleicht die eigene Existenz dabei zusammen? Kann das der Sinn des Gebens sein? Muss ich mir nicht manchmal auch die Freiheit nehmen, „nein“ zu sagen, Rücksicht auf mich selbst und meine eigenen Grenzen und Fähigkeiten nehmen?

Ich glaube, dass es unsere Verantwortung vor uns selbst, vor unseren Mitmenschen und vor Gott geradezu erfordert, hier auch Nehmerqualitäten zu zeigen. Wer sich selbst bis zum Letzten verausgabt, der hat bald auch nichts mehr zu geben.

Im zweiten Jahrhundert nach Christus hat der große Philosoph und Theologe Ulpian (170–228) in knappen vier Worten von der Theorie her ausgedrückt, was der goldene Mittelweg, die gesuchte Balance wäre, nämlich: „Jedem das Seine geben“. Klingt leicht, ist es aber nicht!

„Jedem das Seine geben“: ... meinen Töchtern? ... meiner Frau? ... den Kaffeebauern in Bolivien und anderswo? ... den kranken Eltern? ... den beruflichen Anforderungen?

„Jedem das Seine geben“: ... Gott und seinen Plänen mit mir? ... der Umwelt, die ich von meinen Kindern und Enkeln nur geliehen habe?

„Jedem das Seine geben“: ... mir selbst? ... meinen Grenzen? ... meinen Fähigkeiten und Begabungen Raum und Zeit geben?

Sie spüren vermutlich wie ich: Die Antwort muss in der jeweiligen Situation mit viel Einfühlungsvermögen und Fingerspitzengefühl, aber auch mit dem die Not wendenden Sachverstand herausgefunden werden. Sie und ich – wir stehen zwischen Geben und Nehmen.

Mich laden diese Gedanken ein, auf meine Geber- **UND** auf meine Nehmerqualitäten zu achten. Und Nehmerqualitäten zu haben ist nicht ohne: Die Starken, die Gebenden haben manchmal die Schwäche, dass es ihnen schwer fällt, etwas anzunehmen, also in die entgegengesetzte Rolle zu gehen. Sie können sich nur mit Überwindung beschenken lassen. Ihr Stolz oder anderes hindert sie daran. Sie fühlen sich dann eher schwach, vielleicht sogar entmündigt, nicht mehr Herr der Lage, abhängig. ....

Ich habe zuhause eine kleine Figur am Fenster stehen. Mit dieser Puppe spiele ich manchmal, stelle sie je nach Stimmung neu auf. Öfter stelle ich sie mit offenen Händen hin. Der Kopf ist leicht erhoben, in den Himmel gerichtet. Der Blick geht in die Weite. Nimmt diese Figur oder gibt sie? Es kommt auf die Situation, auf die innere Haltung an. Ich wünsche Ihnen und mir, dass wir in rechter Weise erspüren, was wann gefragt ist.

GOTT, ich stehe vor dir.

Ich fühle mich stark, wenn ich anderen helfen kann.
Es geht mir gut, wenn ich für mich und andere sorgen kann.
Ich möchte mein Leben in der Hand behalten.
Etwas haben, etwas können, etwas sein –
dafür arbeite ich, setze ich mich ein.
Und doch, wenn ich ehrlich bin, spüre ich,
dass ich auch bedürftig bin, angewiesen auf andere,
ihr Wort, ihren Rat, ihre Unterstützung,
ihren Respekt, ihre Aufmerksamkeit, ihre Zeit.
Ich kann nicht alleine leben, nur für mich.
Und manchmal will ich es auch gar nicht.
Mein Leben bewegt sich zwischen Geben und Nehmen.
So bin ich geschaffen. So erlebe ich mich.

Du – „**ICH BIN DA**.“

HABEN SIE AUCH SCHON BEOBACHTET, WIE VIELE AUTOFAHRERINNEN UND AUTOFAHRER EIN NAVIGATIONSSYSTEM BENUTZEN? Mir fällt es vor allem nachts auf der Autobahn auf. Im Auto, das ich gerade überhole oder von dem ich überholt werde, leuchtet immer öfter ein kleiner, viereckiger Bildschirm und zeigt die Strecke an. Und auch an meiner Windschutzscheibe ist ein solches Gerät montiert. Ich schätze es inzwischen sehr, mit einer solchen Hilfe unterwegs zu sein. Rechtzeitig werden mir Abbiegungen, Spurwechsel und sogar verfügbare Tankstellen angezeigt. Auch die Verkehrsmeldungen zeigen moderne Geräte inzwischen an. Vor dem Start gebe ich entweder ein neues Ziel ein oder greife auf meine Zielliste zurück mit Orten, die ich öfter besuche. Auf dem Rückweg wähle ich einfach „Nach Hause" und das System rechnet und zeigt mir den optimalen Weg. Praktisch, so ein Teil, oder? Nein, keine Angst, ich will Ihnen kein Gerät verkaufen.

AUFBRECHEN ODER MEIN INNERES NAVI

Aber das kleine Gerät an der Windschutzscheibe stellt mir – und wenn Sie möchten auch Ihnen – manchmal unterwegs beim Draufschauen Fragen wie: Wie machst du das denn im richtigen Leben? Wer gibt dir denn da die Richtung an? Hast du eine Liste von Zielen, die du immer wieder ansteuerst? Wie gerne wählst du im Leben ein neues Ziel und wie kommst du dazu? Und nicht zuletzt: Wo bist du daheim?

Spannende Fragen, wenn ich lese von den Herausforderungen des Klimagipfels. Das, was die Politiker dort verhandeln, hat ja auch mit Ihnen, mit mir, mit Ihren Kindern und meinen zu tun. **STIMMT DIE RICHTUNG, WIE ICH MICH IM LEBEN BEWEGE?**

Oder die Frage nach den Minaretten bei islamischen Gotteshäusern: Biege ich auf die „Nein-Spur" ab? Oder nehme ich besser die „Ja-Spur"? Oder bleibe ich, wie ein Kommentar in einer großen deutschen Tageszeitung meint, mit vielen in unserem Land auf der **„EGAL-SPUR"?** Ich spüre: Politische Fragen sind durchaus vielschichtig.

Und, wie ist das mit meinem eigenen Glauben, mit meiner Überzeugung? Wo bin ich da daheim? Wohin wende ich mich, wenn Sorge, Angst, Zweifel, Freude und Glück mein Herz schlagen lassen?

Im Innern eines Navigationsgerätes arbeitet eine mehr oder weniger ausgeklügelte und leistungsfähige Software. **WAS TICKT IN IHNEN? WAS SCHLÄGT IN MIR?**

EINE GESCHICHTE MACHT MIR DABEI SEIT WOCHEN SEHR GROSSEN MUT:
„Als sie aufbrachen, wussten sie nicht, wie ihr Ziel aussehen würde. Sie wussten nur: Eine solche Sehnsucht hatten sie nie zuvor gespürt. Sie hatten diesen Stern gesehen. Und beschlossen, ihm zu folgen. Verrückt, haben viele gesagt. Jetzt sind sie hier, in diesem fremden Land, und nichts ist da, was ihnen vertraut wäre: die Sprache nicht, die Religion nicht, auch die Gerüche und Geräusche nicht. Und dennoch: Dennoch spüren sie, sie werden hier Heimat finden. Erlösung, denken sie, auch wenn sie nicht genau erklären könnten, was sie damit meinen. Als sie nach dem neugeborenen Kind fragen, dem König, will

man sie abwimmeln. Sieht ihre merkwürdige Kleidung, hört ihren Akzent, mustert das große Fernrohr. Ein König? Draußen vor der Stadt? Unmöglich! hören sie. Aber sie sehen auch die Verunsicherung in den Augen.
Sie lassen die Stadt hinter sich. Halten die Geschenke fest in den Händen, das Wertvollste, das Heiligste, das Liebste, was sie haben. Vertrauen dem Stern, der sie bis hierher gebracht hat. Und der sie führen wird. Zu dem unbekannten Gott."

Mir macht sie Mut, weil Sehnsucht der Schlüssel zum Aufbrechen wird. Ein Sehnen, das Erfüllung sucht. Ein ungeahntes, neues Gefühl. Die Zeichen, der Stern signalisieren Aufbruch.
SIE BRECHEN AUF. SIE BETRETEN NEULAND. SIE NEHMEN NEUES WAHR UND WERDEN ALS MERKWÜRDIGE WAHRGENOMMEN.

Sie hören, dass es dort nichts zu holen gibt, und brechen dennoch dorthin auf. Sie vertrauen ihrem eigenen, inneren Navigationssystem. Sie glauben an ihren Weg.

Und sie lassen es sich etwas kosten: Das Wertvollste, das Heiligste, das Liebste halten sie fest in Händen.

Ich glaube, die da aufbrechen in der Geschichte – Matthäus erwähnt sie und beschreibt ihren Weg im zweiten Kapitel seines Evangeliums – können Ihnen und mir ein Vorbild sein beim Nutzen unseres inneren Navigationssystems: Sie nehmen die Welt um sich herum wahr. Sie deuten, vermutlich mühsam und sorgfältig, die Zeichen am Himmel und auf der Erde. Und sie bleiben unterwegs mit ihrer Sehnsucht, dem König der Gerechtigkeit und des Friedens zu begegnen. Ihm wollen sie sich anschließen. Ihm wollen sie dienen.

KÖNIG. STERN. DIENEN. – SCHNEE VON GESTERN?

Ihre Mission findet sich heute in Sätzen wie:

Sprecher 1:
Ich bin einer der drei Weisen.
Ich breche in meinem Leben immer wieder neu auf, auch wenn andere sagen: „Das hat doch alles keinen Sinn."

Sprecher 2:
Ich bin bereit, wenn notwendig, auf halbem Weg umzukehren, auch wenn andere sagen: „Der weiß nicht, was er will ..."

Sprecher 3:
Ich steige – selbst wenn es mir Nachteile bringt – vom hohen Ross herab, auch wenn andere denken: „So wird er es nie zu etwas bringen."
Ich finde Gott oft in den einfachsten Ställen des Lebens, auch wenn andere sagen: „Du machst dir nur die Hände schmutzig."

Sprecher 4:
Ich stehe, wie die drei Weisen, mit beiden Beinen auf der Erde und folge einem Stern am Himmel, um Gott zu suchen, zu finden und auch durch mein Leben in die Welt zu bringen.

Ihr und mein inneres Navi bittet um eine Entscheidung:

- Nein-Spur?
- Ja-Spur?
- Egal-Spur?

MATTHÄUS 2, 1–12

01 | Als Jesus zur Zeit des Königs Herodes in Betlehem in Judäa geboren worden war, kamen Sterndeuter aus dem Osten nach Jerusalem

02 | und fragten: Wo ist der neugeborene König der Juden? Wir haben seinen Stern aufgehen sehen und sind gekommen, um ihm zu huldigen.

03 | Als König Herodes das hörte, erschrak er und mit ihm ganz Jerusalem.

04 | Er ließ alle Hohenpriester und Schriftgelehrten des Volkes zusammenkommen und erkundigte sich bei ihnen, wo der Messias geboren werden solle.

05 | Sie antworteten ihm: In Betlehem in Judäa; denn so steht es bei dem Propheten:

06 | Du, Betlehem im Gebiet von Juda, bist keineswegs die unbedeutendste unter den führenden Städten von Juda; denn aus dir wird ein Fürst hervorgehen, der Hirt meines Volkes Israel.

07 | Danach rief Herodes die Sterndeuter heimlich zu sich und ließ sich von ihnen genau sagen, wann der Stern erschienen war.

08 | Dann schickte er sie nach Betlehem und sagte: Geht und forscht sorgfältig nach, wo das Kind ist; und wenn ihr es gefunden habt, berichtet mir, damit auch ich hingehe und ihm huldige.

09 | Nach diesen Worten des Königs machten sie sich auf den Weg. Und der Stern, den sie hatten aufgehen sehen, zog vor ihnen her bis zu dem Ort, wo das Kind war; dort blieb er stehen.

10 | Als sie den Stern sahen, wurden sie von sehr großer Freude erfüllt.

11 | Sie gingen in das Haus und sahen das Kind und Maria, seine Mutter; da fielen sie nieder und huldigten ihm. Dann holten sie ihre Schätze hervor und brachten ihm Gold, Weihrauch und Myrrhe als Gaben dar.

12 | Weil ihnen aber im Traum geboten wurde, nicht zu Herodes zurückzukehren, zogen sie auf einem anderen Weg heim in ihr Land.

GOTT, ich stehe vor dir.

Meine Gedanken sind noch ungeordnet.
Aufbrechen – ja, das möchte ich manchmal, auf- und davongehen,
Neues wagen und erleben. Habe ich so „Aufbrechen“ richtig verstanden?
Nein, ich weiß noch nicht genau, wohin. Nein, ich weiß auch noch nicht, mit wem.
Ich spüre nur manchmal, dass es noch viel Unentdecktes gibt.

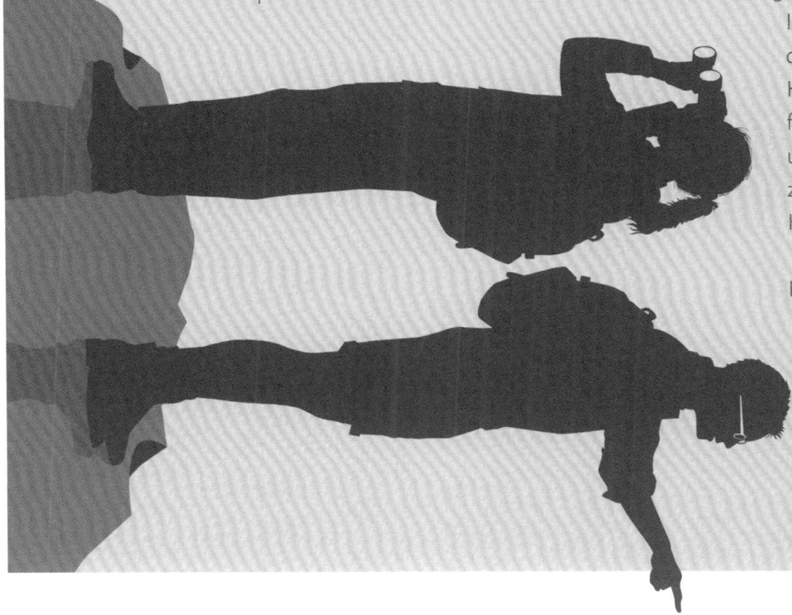

Ich ahne nur manchmal,
dass noch nicht aller Tage Abend ist.
Halte in mir die Sehnsucht wach,
für Neues offen zu sein
und die Zeichen der Zeit deuten
zu lernen.
Komm mir entgegen:

Du – „**ICH BIN DA**.“

3

SINNZEIT _ IN DREI REIHEN

REIHE

GUT
NICHT FERTIG

Es gibt Nachrichten im Leben von Menschen, die schlagen ein und verändern das Leben von der einen auf die andere Sekunde. Der Regisseur Christoph Schlingensief antwortete in einem Gespräch mit dem Münchner Merkur auf die Frage, wie die Diagnose Lungenkrebs sein Leben veränderte:

„Ich musste ja erst einmal lernen, mit so einer Krankheit umzugehen. Ich war ja praktisch mit meiner Arbeit bis dahin in einem Hochgeschwindigkeitsrausch und wurde plötzlich angehalten, mit einem Fleck auf einem Röntgenbild. ... Da knallt es plötzlich im Leben und alle Sicherungsmaßnahmen sind erstmal außer Kraft gesetzt. ... Da ging es nicht mehr um eine direkte Auswertung wie bei manchen Arbeiten im Film, auf der Bühne, der Oper oder in der Kunst. ... Das da war gnadenlos real. ... Basta.“

GNADENLOS REAL. BASTA. – Das ist ebenso der Tod eines nahestehenden Menschen.

GNADENLOS REAL. BASTA. – Das ist das Scheitern einer Beziehung, der überraschende Auszug der Partnerin oder des Partners nach einer Geschäftsreise.

GNADENLOS REAL. BASTA. – Das ist ein Flugzeugabsturz mit Hunderten Toten, der Ausbruch des Krieges ... und ... und ...
Wie gehen Sie mit solchen gnadenlos realen Basta-Erfahrungen um? Und: Wie erleben, wie erfahren Sie, wie sehen Sie und ich Gott in solchen Situationen?

Christoph Schlingensief macht sich seinen Reim auf die Frage nach Gott in solchen Situationen so: *„Vielleicht ist Gott doch ein gescheiterter Künstler. Wenn ich jetzt etwas länger hinschaue, ... dann frage ich mich, ob ein Schöpfer wie Gott als Künstler versagt hat. Sein Werk ist unvollkommen, es gammelt vor sich hin. Gott hat aufgegeben. Er will nicht mehr korrigieren.“*

GOTT – EIN GESCHEITERTER KÜNSTLER? Eine Geschichte erzählt, dass in jenen Tagen alle Engel des Himmels voller Unruhe vor Gott getreten seien und ihn gefragt hätten, als er die Schöpfung den Menschen überließ: Du willst sie wirklich diesen Menschen überlassen? Geht das gut? Ja, das reicht, soll Gott geantwortet haben.

Bezeichnenderweise sagt Gott in der Bibel nicht: Fertig! Alles ist fertig! Er betont die Güte und Schönheit der Welt, nicht aber dass seine Schöpfung fertig und vollendet ist. *„Gott sah alles an, was er gemacht hatte: Es war sehr gut. Es wurde Abend und es wurde Morgen: der sechste Tag.“ (Genesis 1, 31).*

In dieser Spannung zwischen „**ES WAR SEHR GUT SO**“ und „**NICHT FERTIG**“ spielt sich seither das Leben der Menschen ab. Gott hat uns nicht als Kunstwerk geschaffen, bei dem der letzte Pinselstrich durch ihn schon gesetzt ist, sondern er lässt uns Menschen mitgestalten an dieser unserer Welt, an unserem Leben und Zusammenleben.

Er hat, so die Überzeugung der Bibel, den Menschen gut, sehr gut geschaffen, aber eben auch lebendig, nicht als festgelegtes, fertiges Wesen, das nur gut, menschenfreundlich handeln kann. Wir haben die Möglichkeit und die Freiheit, Kriege zu führen, Umwelt zu zerstören, Ehen zu brechen und andere wirtschaftlich auszunehmen wie eine

Weihnachtsgans. Wir haben die Möglichkeit und die Freiheit, Frieden zu schließen, Vergebung zu schenken, unsere Erde zu pflegen und zu hegen und fairen Handel zu betreiben.

Eine Aussage Schlingensiefs beschäftigt mich in diesem Zusammenhang noch: „Gott hat aufgegeben. Er will nicht mehr korrigieren." Stimmt das so? Hat sich Gott von der Welt verabschiedet? Ich glaube nicht, dass er sich verabschiedet hat. Aber ich erfahre, dass Gott manchmal so ganz anders ist und in Ihr und mein Leben eintritt, als Sie und ich uns dies wünschen und vorstellen.

Gott ist sich seit der Schöpfung treu geblieben. Er zwingt den Menschen nicht. Er achtet unser freies „Ja" oder „Nein". Immer wieder sendet er Boten, Prophetinnen und Propheten, Menschen, die von Gottes Botschaft getroffen sind und diese weitersagen, um ihren Mitmenschen zu deutlich zu machen, wie Gottes Traum vom Menschen aussieht.

„IN JESUS AUS NAZARETH IST GOTTES TRAUM VOM MENSCHEN IN ERFÜLLUNG GEGANGEN." – So drückt es einmal ein Mensch unserer Zeit aus, wer Jesus gewesen ist. Wenn Sie mit mir auf Jesus, den Sohn Gottes, schauen, so wird deutlich, dass auch sein Reden und Wirken von der Freiheit der Entscheidung geprägt ist. Gott formatiert durch die Geburt seines Sohnes nicht die Welt neu. Er kommt in diesem Jesus aus Nazareth in die Welt als Mensch aus Fleisch und Blut, mit Gefühlen wie Trauer und Freude, der Erfahrung von Freundschaft und ebenso auch der Einsamkeit, mit einer nie dagewesenen Nähe zu Gott, den er „Papa" nennt, und einem verdammten Gefühl der Verlassenheit, wenn er am Kreuz schreit „Mein Gott, mein Gott, warum hast du mich verlassen?" Gott erspart seinem

Sohn, er erspart auch Ihnen und mir nicht Erfahrungen von Angst, Einsamkeit, offenen Fragen und quälenden Zweifeln. Aber die Jüngerinnen und Jünger dürfen damals erfahren und legen für uns davon Zeugnis ab, dass Jesu Tod am Kreuz nicht das letzte Wort Gottes ist. Gott greift ein und schenkt seinem Sohn und mit ihm allen Menschen ewiges Leben. Die Macht des Todes ist gebrochen. Hinterm Horizont der Schöpfung dieser Erde geht es weiter.

LUKAS 4, 17–20

17 | Man reichte ihm das Buch des Propheten Jesaja. Er schlug das Buch auf und fand die Stelle, wo es heißt:
18 | Der Geist des Herrn ruht auf mir; denn der Herr hat mich gesalbt. Er hat mich gesandt, damit ich den Armen eine gute Nachricht bringe; damit ich den Gefangenen die Entlassung verkünde und den Blinden das Augenlicht; damit ich die Zerschlagenen in Freiheit setze
19 | und ein Gnadenjahr des Herrn ausrufe.
20 | Dann schloss er das Buch, gab es dem Synagogendiener und setzte sich. Die Augen aller in der Synagoge waren auf ihn gerichtet.

GOTT, ich stehe vor dir.

Den Boden spüre ich unter meinen Füßen.
Mein Herz schlägt verlässlich in mir.
Meine Ohren nehmen Worte, Töne und Schwingungen wahr.
Meine Augen sind die Fenster zur Welt um mich herum.
Mit meinen Händen kann ich greifen.
Mein Verstand ordnet Gedanken und Einsichten.
Manchmal fühle ich mich richtig gut und wohl in meiner Haut.
Und dann wieder zerrissen, ängstlich und am Rand meiner Kraft.
Warum ist das so?
Das frage ich mich –

Du – „**ICH BIN DA**."

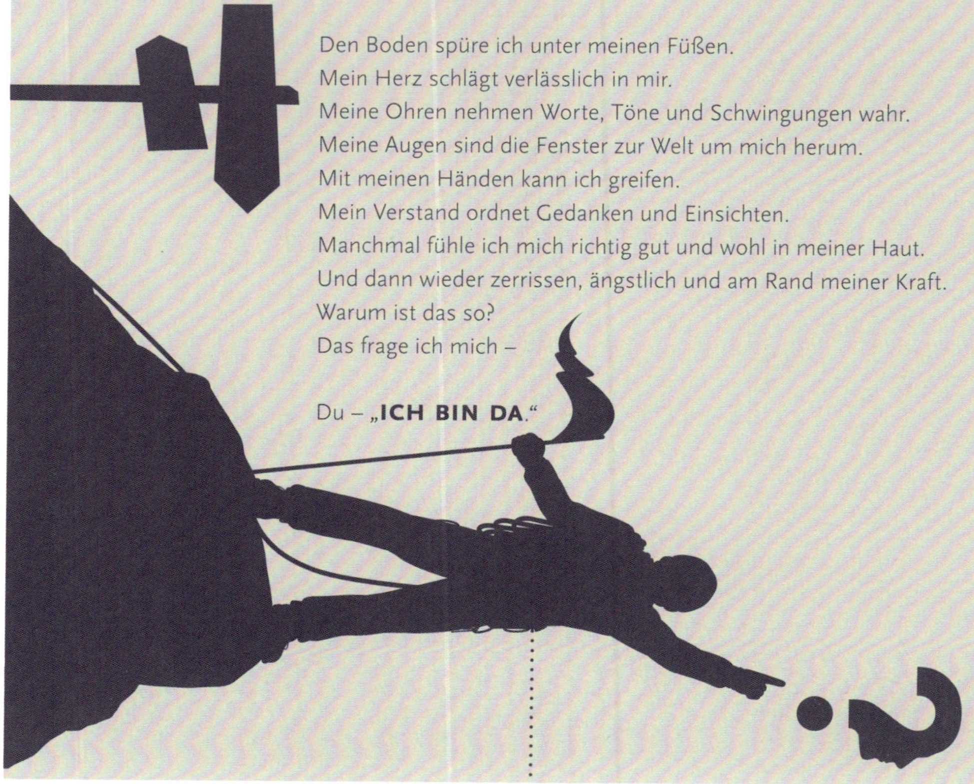

FARBEN IM LEBEN

„DU BIST DU!“ – Mit diesen drei Worten bringt ein geistliches Lied eine Wahrheit und ein Geheimnis auf den Punkt, die jede und jeder in vielen Variationen erlebt und erfährt:

- Ich bin als Mensch einzigartig.
- Ich rede, handle, denke und fühle als Johannes. Und Andrea, Jürgen, Herbert, Hedi, Heidi und Klaus tun dies auf ihre je eigene Weise.
- Unsere beiden Töchter Lisa und Magdalena, obwohl beide Töchter derselben Eltern, sind auf ihre Weise unterschiedlich und einzigartig.

Dass ich der bin, der ich heute bin, verdanke ich der Fähigkeit, Neues zu lernen, Erfahrungen zu sammeln, zu denken und zu entscheiden. Dass ich der bin, der ich bin, verdanke ich anderen: meinen Eltern, meinen Geschwistern, Spielkameraden, Lehrerinnen und Lehrern, Freundinnen und Freunden, Kolleginnen und Kollegen, Nachbarn ... Menschen, denen ich begegnen durfte und begegnen darf. Und vor allem meiner Frau, die mit mir bereits über die Hälfte meines Lebens zusammen ist.

Wer auf sein eigenes Leben und seine Entwicklung schaut, der spürt, dass es ein sehr fein gewobenes Netz ist, das ein Menschenleben trägt und möglich macht. Das ist nicht selbstverständlich und jedem Menschen geschenkt. Sie und ich, wir kennen ebenso auch das Leid anderer und von uns selbst, das Menschen einander antun – bewusst oder unbewusst, geplant oder spontan. Das Leben von Kindern, das Leben von Menschen ist nicht nur farbig, bunt und schön. **KINDERLEBEN, MENSCHENLEBEN KANN AUCH MISSBRAUCHT WERDEN VON ANDEREN, VERBOGEN, EGOISTISCHEN ZIELEN UNTERWORFEN UND ZERSTÖRT WERDEN.** Wir tragen eine hohe Verantwortung füreinander, unseren Kinder und Mitmenschen Respekt entgegenzubringen, ihre Freiheit zu Entscheidungen zu achten und unser Leben und Zusammenleben so zu gestalten, dass sich kleine wie große Leute entfalten und menschenwürdig entwickeln können.

Ein afrikanisches Sprichwort sagt **„IT TAKES A VILLAGE TO RAISE A CHILD“** – Es braucht ein ganzes Dorf, um ein Kind groß zu ziehen. Da wird deutlich, dass Kinder nicht nur Aufgabe der Eltern sind. Eltern schenken Gene. Sie legen auch Glaubensfundamente, vermitteln Werte und eine Lebenshaltung. Das ist eine ungeheuer große Verantwortung. Und eine enorme Leistung. Und eine wunderbare Aufgabe. Aber auch die Menschen ohne Kinder oder die Älteren, die schon Kinder erzogen haben, leisten einen unschätzbaren Beitrag.

Sind Sie, bin ich bereit, unsere Kinder, unsere Mitmenschen zu tragen, ihnen Leben und Entwicklung zu ermöglichen, mit ihnen die Farben des Lebens zu entdecken und zu erleben? Jede neue Begegnung ist eine neue Chance dazu.

PSALM 8, 2. 4–6

02 | Herr, unser Herrscher, wie gewaltig ist dein Name auf der ganzen Erde; über den Himmel breitest du deine Hoheit aus.

04 | Seh ich den Himmel, das Werk deiner Finger, Mond und Sterne, die du befestigt: und ein Gnadenjahr des Herrn ausrufe.

05 | Was ist der Mensch, dass du an ihn denkst, des Menschen Kind, dass du dich seiner annimmst?

06 | Du hast ihn nur wenig geringer gemacht als Gott, hast ihn mit Herrlichkeit und Ehre gekrönt.

GOTT, ich stehe vor dir

als der, der ich bin, als die, die ich bin.
Aus winzigen Zellen entstanden,
bin ich heute ein Mensch mit Haut und Haaren,
Gefühlen, Wissen und Gewissen, Herz und Verstand.
Als Kind meiner Eltern, als Teil der großen Menschheitsfamilie,
als deine Tochter, dein Sohn lebe ich hier auf dieser Erde.
Mich gibt es nur einmal unter Milliarden Menschen.
Mein Fingerabdruck, mein Wesen,
mein Reden, Tun und Lieben ist einmalig.
Hilf mir, meinen Platz zu finden, meinen Weg,
meine Geschichte in dieser großen Welt und Zeit:

Du – „**ICH BIN DA**.“

VATER MUTTER TOCHTER SOHN

In dem Lied „Zum Meer" rührt der Sänger Herbert Grönemeyer an die tiefsten Fragen, die ein Mensch in sich bewegt: „Wer hat dich geplant, gewollt?" Er stellt die Fragen an mich als Zuhörer, warum ich geboren bin, wer mich geboren hat, wer sich nach mir sehnt. Wer, so seine Kernfrage, hat „dich, wie du bist, akzeptiert, dass du dein Heimweh verlierst"?

Fragen, die ein Mensch in sich bewegt. Bei allem Erwachsenwerden und Erwachsensein suchen dennoch viele Menschen auch mit 25, 40, 65 Jahren und noch im höheren Alter nach Verbundenheit, nach Halt, nach Heimat, nach jemandem, der sie beschützt, akzeptiert, annimmt und liebt.

Wenn ich es recht erinnere, so war es der jüdische Philosoph Martin Buber, der sagte: „Ohne Du geht das Ich verloren." Will sagen, der Mensch wächst und entwickelt sich in der Begegnung. Im und mit dem anderen kommt der Mensch auch zu sich selbst.

Eine Geschichte von Selbstfindung, Suche nach Distanz und Sehnsucht akzeptiert zu werden erzählt auch Lukas im 15. Kapitel seines Evangeliums:

FAMILIE

LUKAS 15, 11B–24

Ein Mann hatte zwei Söhne.

12 | Der jüngere von ihnen sagte zu seinem Vater: Vater, gib mir das Erbteil, das mir zusteht. Da teilte der Vater das Vermögen auf.

13 | Nach wenigen Tagen packte der jüngere Sohn alles zusammen und zog in ein fernes Land. Dort führte er ein zügelloses Leben und verschleuderte sein Vermögen.

14 | Als er alles durchgebracht hatte, kam eine große Hungersnot über das Land und es ging ihm sehr schlecht.

15 | Da ging er zu einem Bürger des Landes und drängte sich ihm auf; der schickte ihn aufs Feld zum Schweinehüten.

16 | Er hätte gern seinen Hunger mit den Futterschoten gestillt, die die Schweine fraßen; aber niemand gab ihm davon.

17 | Da ging er in sich und sagte: Wie viele Tagelöhner meines Vaters haben mehr als genug zu essen und ich komme hier vor Hunger um.

18 | Ich will aufbrechen und zu meinem Vater gehen und zu ihm sagen: Vater, ich habe mich gegen den Himmel und gegen dich versündigt.

19 | Ich bin nicht mehr wert, dein Sohn zu sein; mach mich zu einem deiner Tagelöhner.

20 | Dann brach er auf und ging zu seinem Vater. Der Vater sah ihn schon von weitem kommen und er hatte Mitleid mit ihm. Er lief dem Sohn entgegen, fiel ihm um den Hals und küsste ihn.

21 | Da sagte der Sohn: Vater, ich habe mich gegen den Himmel und gegen dich versündigt; ich bin nicht mehr wert, dein Sohn zu sein.

22 | Der Vater aber sagte zu seinen Knechten: Holt schnell das beste Gewand und zieht es ihm an, steckt ihm einen Ring an die Hand und zieht ihm Schuhe an.

23 | Bringt das Mastkalb her und schlachtet es; wir wollen essen und fröhlich sein.

24 | Denn mein Sohn war tot und lebt wieder; er war verloren und ist wiedergefunden worden. Und sie begannen, ein fröhliches Fest zu feiern.

Ich erinnere mich noch gut an den Religionsunterricht in der Grundschule, wo ich diese Geschichte erstmals als **„DAS GLEICHNIS VOM VERLORENEN SOHN“** hörte. Ich malte mir damals mit meiner Kinderphantasie aus, wie sehr der Sohn wohl seine Eltern enttäuschte, wie nutzlos er sein Geld durchbrachte und wie er sich wohl fühlen musste, weil er nicht hören wollte. Meine ganze Aufmerksamkeit galt dem ungehorsamen, dem verlorenen Sohn. Nein, so wollte ich einmal nicht werden, war damals für mich die Moral dieser Geschichte. Es geht darum, ein guter Sohn, eine gute Tochter zu sein ... Vater und Mutter nicht zu enttäuschen.

Und dann gehörte es zu den Sternstunden meines Theologiestudiums, in der Vorlesung zu dieser Schriftstelle zu hören, dass die Kapitelüberschrift „Das Gleichnis vom verlorenen Sohn“ überhaupt nicht den Kern trifft. Jesus, so unser Professor damals, erzählt diese Geschichte nicht, um die schiefe Bahn zu beschreiben und auszumalen, auf die der Sohn gerät. Jesus erzählt diese Geschichte vielmehr, um die Liebe des Vaters in hellen und ermutigenden Farben zu beschreiben. Und in der Tat: Beim genauen Lesen fällt auf, dass der Sohn sich zwar in der Ferne seine Worte zurechtlegt, die er bei der Heimkehr sagen will, aber dass der Vater ihm entgegengeht, sein Herz dem Sohn entgegenschlägt und der Vater ihn wortlos in die Arme nimmt, an sich drückt und küsst – noch ehe der Sohn etwas sagen kann. Die Liebe, das Mitgefühl, der Herzschlag des Vaters kommen dem Sohn ohne Bedingungen und Vorleistungen entgegen. Seither finde ich es viel stimmiger, dieses Kapitel mit **„DAS GLEICHNIS VOM GUTEN VATER“** zu überschreiben. Einem solchen Vater kann ich trauen, kann ich mich anvertrauen. Das darf der Sohn im Gleichnis lernen und erfahren. Das hat Vieles in mir auf den Kopf gestellt.

Es ist eine Geschichte, ein Bild für den liebenden Gott, der wie ein guter Vater, wie eine gute Mutter, die Töchter, die Söhne erwartet. Er hält die Türe offen. Er nimmt seinen Blick nicht vom Horizont. **UND VOR ALLEM: ER LIEBT UND MACHT KEINE VORWÜRFE.**

UND WIE JEDE GESCHICHTE, JEDES BILD HAT NATÜRLICH AUCH DAS GLEICHNIS VOM GUTEN VATER SEINE ECKEN UND KANTEN. Erfahrungen mit den eigenen Eltern mischen sich in dieses Bild und färben es ein. So wie es möglich ist, dass für manche Kinder heute der herzensgute Bischof Nikolaus eine Schreckfigur ist, so kann das Bild von Gott als Vater auch eingefärbt sein durch die Erfahrung beim eigenen Vater, der eigenen Mutter, ebengerade diese Liebe und dieses Entgegenkommen nicht so intensiv gespürt zu haben.
Unser Leben und Zusammenleben mischt immer auch ein ganzes Stück die Farben unseres Bildes, das wir von Gott haben, mit.

Auf der anderen Seite ist aber gerade auch dieses Bild von Gott als Vater, als Mutter ein Bild, das die Urfragen und die Suche nach den Quellen in uns tief berührt: Wer will mich? Wer akzeptiert mich, wie ich bin, damit ich mein Heimweh verliere?

Jesus gibt mit diesem Gleichnis die Antwort: Gott akzeptiert dich, wie du bist.
Gott hat dich geplant, gewollt. Er hat dich an sich gelehnt. Seine Arme, seine Tür steht dir offen: damit du dein Heimweh verlierst.

Ich wünsche Ihnen und mir den Mut und die Offenheit, die Überschrift über die Beziehungsgeschichte zwischen Gott und Ihnen/mir selbst offen zu halten für Neuentdeckungen wie in dem Beispiel „Vom verlorenen Sohn ... der verlorenen Tochter“ hin zum „Gleichnis vom guten Vater ... der guten Mutter“.

GOTT, ich stehe vor dir

mit den Erinnerungen an meine Kindheit.
Gesichter, Häuser, Landschaften,
Wünsche und Träume werden in mir wach.
Ich spüre die Neugierde, das Spiel,
die Unbeschwertheit ebenso wie
den Wunsch, groß und selbstständig zu werden.
Ich danke dir, dass ich bis hierher gekommen bin.
So wie ich bin, bin ich da.
Geh du weiter mit mir mit.

Du – „**ICH BIN DA**.“

NEU LAND ENTDECKEN

„ANDERLAND“, so nennen kreative Leute aus Hamburg die kleinen und großen Urlaubszeiten.
„ANDERLAND“ – das steht für „etwas anderes machen“, „etwas Neues entdecken“.
„ANDERLAND“ – das liegt manchmal ganz weit weg und manchmal ganz nah.

Die Gewohnheiten und Verpflichtungen machen Pause. Eingespielte Tagesabläufe werden unterbrochen. Der Platz im Büro oder in der Küche darf einmal leer bleiben. Wir schalten ein paar Gänge runter. Die Alltagsroutine setzt aus.
Wie geht es Ihnen bei diesen Gedanken? Mischt sich in die Sehnsucht und Vorfreude nicht auch Unsicherheit? Gewohnheiten, Verpflichtungen, Routinen – sie geben ja auch Sicherheit und Orientierung. Mein Haus, die Pizzeria am Ort, vertraute Straßen und Menschen – sie schenken Geborgenheit.

ANDERLAND, NEULAND – das kann je nach Menschentyp auch eine Herausforderung sein, ein Wagnis. Da kann die Reise aus dem Alltag zu einer Reise in ein unbekanntes Land werden.

Der französische Schriftsteller Andre Gide, in Paris geboren 1869 und verstorben 1951, prägte einmal das Wort: „Man entdeckt neue Länder nicht, ohne dass man sich einverstanden erklärt, das Ufer für lange Zeit aus den Augen zu verlieren.“

Vielleicht können wir heute die Tragweite dieses Wortes nicht mehr so auf Anhieb verstehen. Wir steigen in Frankfurt, Nürnberg oder Köln in ein Flugzeug und ein paar Stunden später sind wir in der Türkei, in Australien oder in New York. Zu seiner Zeit war die Geschwindigkeit des

Reisens oft das Tempo eines Ozeandampfers. Man verlor im wahrsten Sinne des Wortes für lange Zeit das Ufer aus den Augen. Und mit ihm das Vertraute, Gewohnte.

Und genau hier liegt meiner Meinung nach das Prickelnde dieses Wortes: **ICH ENTDECKE NEULAND, NEUES, ANDERLAND NICHT, WENN ICH ES NICHT WAGE, VERTRAUTES, GEWOHNTES HINTER MIR ZU LASSEN, AUS DEN AUGEN ZU LASSEN.**

EIN MOTIV, DAS AUCH DIE BIBEL AN VIELEN STELLEN KENNT:

- Abraham wird eigenes Land und reiche Nachkommenschaft verheißen mit den Worten „Zieh fort in ein Land, das ich dir zeigen werde."
- Der junge Mann, der sich Jesus anschließen will, bekommt von Jesus zur Antwort: „Geh hin, verkaufe alles, was du hast, und komme dann und folge mir nach."

Wie ein roter Faden ziehen Sich-Loslassen und Sich-auf-den-Weg-Machen durch biblische Texte. Es geht um den Blick nach vorne. Gottes Impuls zielt auf die Freiheit des Menschen. Gott will Raum schaffen in uns, dass wir im Zweifelsfalle nicht festkleben am Gewohnten, an Hab und Gut und dabei das aus den Augen verlieren, worauf es ankommt.

VIELLEICHT KANN ES GANZ GUT SEIN, MIT KLEINEN ANDERLAND-ENTDECKUNGEN ZU BEGINNEN:

- Ob mir ein Jazzkonzert gefällt, erfahre ich, wenn ich hingehe, mich auf einen anderen Klang, eine andere Musik einlasse ...
- Ob mein Traumziel so ein schönes Land ist, wie viele Leute sagen, will ich einmal selbst entdecken ...
- Was passiert, wenn ich die eingespielte Sitzordnung zuhause oder im Betrieb einmal neu aufmische, auf diese mehr oder weniger schöne Überraschung bin ich gespannt ...

- Auf welche Gedanken mich eine stille Kirche oder eine bunte Blumenwiese bringen, wer weiß es vorher ...

MEHR UNTER DIE GROSSEN ANDERLAND-ENTDECKUNGEN ZÄHLEN WOHL:

- Einem anderen Menschen etwas zu sagen, was ich tief in meinem Herzen empfinde, meine bisherige Zurückhaltung aufzugeben und Offenheit zu wagen ...
- Neue Freundschaften einzugehen ...
- Neue Herausforderungen anzunehmen ... als Jugendlicher ... als Mensch, der älter wird ...
- Mit einem leeren Platz und dem Verlust eines lieben Menschen umgehen zu lernen ...
- Eine Berufsentscheidung zu treffen und sie zu vertreten und anzustreben ...

Was ist für Sie, für mich ein Anderland, das lockt, fordert, in mir pulsiert, zum Schweigen gebracht wird, sich meldet und immer wieder einmal sagt: „Zieh aus. Lass hinter dir. Probier doch mal"?

„Man entdeckt neue Länder nicht, ohne dass man sich einverstanden erklärt, das Ufer für lange Zeit aus den Augen zu verlieren."

Neuland und Anderland sind nicht nur auf Landkarten zu finden, sondern ebenso in unserem Leben und Empfinden, in der Beziehung zu uns selbst, zu anderen und zu Gott.

Ich glaube, dass dies zu unserem Menschsein gehört. Ich wünsche Ihnen und mir den Mut, Neuland-Entdeckerinnen und -Entdecker zu werden und zu sein. Sie merken, dass es dabei nicht auf die gefahrenen oder geflogenen Kilometer ankommt. Es geht auch nicht um Freizeitstress und wieder den Anspruch, wunder was zu erleben.

Es geht in meinen Augen mehr darum, das Leben in all seiner Fülle wahrzunehmen, in seiner Schönheit und Buntheit, Tiefe und Empfindung, aber auch in seiner Trauer, dem Streit, den schweren und dunklen Gedanken, die mitunter im Herzen aufsteigen, wenn das Alltagsrad angehalten wird.

ANDERLAND – *Ich wünsche Ihnen die Nähe Gottes, der uns oft unscheinbar, aber verlässlich auf unserem Weg begleitet und Kraft und Mut zum Leben schenkt.*

Ich wünsche Ihnen: Haben Sie eine gute Zeit. Kommen Sie immer wieder bei sich an und seien Sie gut zu sich und den Menschen, die mit Ihnen unterwegs sind.

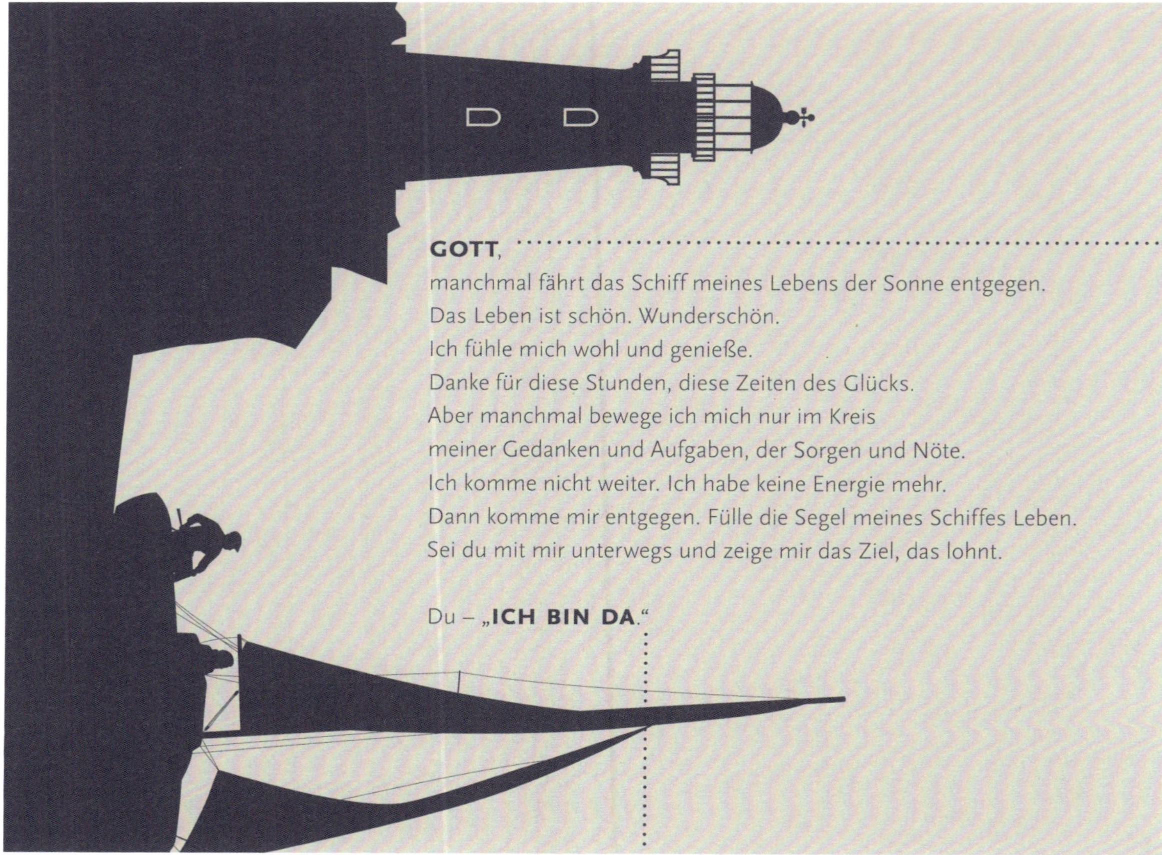

GOTT,
manchmal fährt das Schiff meines Lebens der Sonne entgegen.
Das Leben ist schön. Wunderschön.
Ich fühle mich wohl und genieße.
Danke für diese Stunden, diese Zeiten des Glücks.
Aber manchmal bewege ich mich nur im Kreis
meiner Gedanken und Aufgaben, der Sorgen und Nöte.
Ich komme nicht weiter. Ich habe keine Energie mehr.
Dann komme mir entgegen. Fülle die Segel meines Schiffes Leben.
Sei du mit mir unterwegs und zeige mir das Ziel, das lohnt.

Du – „**ICH BIN DA**.“

KENNST DU DIE LIEBE?

"Kennst du die Liebe, die dein Sinnen abkehrt von der Welt des Messens und des Wägens? Jene Liebe, die flüsternd dir schon im Kinderbette zuteil wird, wenn die Menschen, die dich lieben, deinen Schlaf nicht stören wollen? Die dich lieben um deiner selbst willen? Jene Liebe, die wie ein blauer Leuchtturm den Weg weist und dich mit ihrem unsichtbaren Lichte sicher führt?"

„KENNST DU DIE LIEBE?“ – Dieser Text lebt für mich von der Kraft der Bilder, die diese Liebe beschreiben. Eine Liebe jenseits der **„WELT DES MESSENS UND DES WÄGENS“**. Eine Liebe, spürbar in der Ruhe des Kinderzimmers, wenn der Sohn oder die Tochter friedlich atmend im Bettchen schläft. Eine Liebe, die sich ereignet am schier endlosen Horizont eines Strandes, mit der Weite des Meeres und dem Licht eines blauen Leuchtturmes zur Orientierung in der Weite des Lebens.

In diesen Bildern ist etwas zu erahnen von jener Liebe, die nicht erst verdient werden muss, die nicht auf Leistung und Erfolg aufbaut, sondern die geschenkt wird „um meiner selbst willen“. Sie wird mir geschenkt, weil eine andere, ein anderer mich liebt, so wie ich bin.
Kennen Sie, kenne ich diese Liebe? Wo gibt es in Ihrem, in meinem Leben diese Augenblicke, diese Erfahrung jenseits der „Welt des Messens und des Wägens“?

Nicht von ungefähr preist der Apostel Paulus in seinem Brief an die Gemeinde in Korinth die Liebe als höchstes Geschenk Gottes. In seinen Zeilen über die Liebe gerät er geradezu ins Schwärmen: Ohne Liebe sind unser Reden und Tun ohne Sinn! Würde er heute zu uns sprechen, könnte sein Statement so klingen:

Die höchste Gabe Gottes ist die Liebe. // Ohne Liebe sind unser Reden und Tun ohne Sinn. // Alle unsere Klugheit ist nichts, wenn wir nicht lieben. // Wenn einer liebt, kommt es nicht darauf an, viele Worte zu machen. // Er muss nicht gelehrt sein und nicht alle Erkenntnisse haben. // Wer liebt, hat Geduld, Geduld mit den Eigenarten des anderen, und er bleibt freundlich angesichts seiner Fehler. // Wer liebt, ist nicht neidisch, er freut sich über die Erfolge des anderen. // Liebende sagen nie: „Schau doch, wer ich bin!" // Liebende sagen: „Danke, dass deine Liebe mir hilft, mich selbst zu lieben." // Wer liebt, lässt sich nicht erbittern und ist nicht nachtragend. // Er schaut zuerst auf den Balken im eigenen Auge. // Er mauert sein Herz nicht ein. // Liebende geben nicht auf, sie kämpfen um ihre Liebe und geben sich immer wieder eine Chance. // Sie wissen um ihre Unvollkommenheit und gestehen sie sich gegenseitig zu. // Liebende glauben aneinander und bewahren die Hoffnung. // Aber das größte Geschenk füreinander ist die Liebe.

Moderne Fassung von 1 Kor 13 „Das hohe Lied der Liebe"

Tja, höre ich innerlich da einige sagen „Schön wär's." Oder: „Alles richtig, aber im Alltag?" – Lassen Sie diese Stimmen in sich ruhig zu. Es ist so, dass hier das Lied der vollkommenen Liebe gesungen wird, das im Alltag der tausend Kleinigkeiten manchmal nur schwach oder auch gar nicht mehr zu hören ist.

Und gerade deshalb finde ich es wichtig, dass es Zeiten wie diese gibt, in denen Platz ist für die Töne, Bilder und Gefühle der Liebe jenseits „des Messens und des Wägens". In denen Sie, in denen ich mich erinnere an solche Worte, die so etwas wie ein Leuchtturm, ein Ziel sind, wohin ich unterwegs bin, mich immer wieder auf den Weg mache.

Hier können sich Himmel und Erde berühren. Hier trifft die Sehnsucht der Menschen nach Liebe und Angenommensein auf Gottes großes Herz, auf Gottes Freundschaft und Liebe. Gott will das Glück der Menschen. Er schenkt Kraft zu Glaube, Hoffnung und Liebe.

GOTT,
tief in mir wohnt die Sehnsucht,
angenommen und geliebt zu werden, so wie ich bin.
Mit meinen Ecken und Kanten.
Mit meiner Fröhlichkeit und meiner Enttäuschung.
Mit meinen Fähigkeiten und meinen Belastungen.
Mit meinen geäußerten Bitten
und meinen geheimen Wünschen.
Manchmal spüre ich, wie ein anderer,
eine andere den Arm um mich legt,
mit seiner Hand, mit ihrer Hand die Gedanken
im Kopf zur Ruhe bringt und mein Herz berührt.
Spuren der Liebe, Spuren von dir.

Du – „**ICH BIN DA**."

SUCHEN UND FINDEN

Kennen Sie diese Erfahrung: Sie kauen an einem Problem, besprechen es mit diesem und jenem. Aber die Antwort, die Lösung zeichnet sich nicht ab. Es beschäftigt Sie schwer. Es treibt Sie um. Sie wachen früher auf als gewohnt und schlafen später ein. Ihre Gedanken kreisen um Ihre Fragen. Und dann diese Begegnung mit einem anderen Menschen, der ihnen verständnisvoll, aber mit einer großen Klarheit die Dinge deutet, Ihnen Risiken und Nebenwirkungen Ihres Plans aufzeigt und für Ihr Leben eine neue Perspektive eröffnet.

Irgendwann in diesem Gespräch macht es „klick“ und Sie spüren, woran Sie sind. An einer bestimmten Stelle in Ihrem Leben spüren Sie, wie ein Signal auf „Grün“ springt und Sie sich ganz bewusst für eine bestimmte Richtung entscheiden.

Es ist das Besondere an solchen Momenten und Erfahrungen, dass Sie erst im Rückblick Ihre Bedeutung zeigen. Solche Augenblicke können Sie und ich nicht „machen“ – sie ereignen sich oder sie ereignen sich nicht. Aber vielleicht geht es Ihnen nach solchen Erfahrungen auch so, dass Sie sich wie ich schwertun, von „Zufall“ zu reden.

Ich kann mir gut vorstellen, dass Pablo Picasso auch über solche Erfahrungen nachgedacht hat, wenn er formuliert:

Ich suche nicht – ich finde.
Suchen, das ist das Ausgehen von alten Beständen
und das Finden-Wollen von bereits Bekanntem.
Finden, das ist das völlig Neue.

Alle Wege sind offen, und was gefunden wird, ist unbekannt.
Es ist ein Wagnis, ein heiliges Abenteuer.

Machen wir uns an dieser Stelle mit zwei Menschen auf den Weg, die ziemlich ratlos aufbrechen und in der Begegnung mit einem Unbekannten völlig Neues entdecken.

LUKAS 24, 13–35

13 | Am gleichen Tag waren zwei von den Jüngern auf dem Weg in ein Dorf namens Emmaus, das sechzig Stadien von Jerusalem entfernt ist.
14 | Sie sprachen miteinander über all das, was sich ereignet hatte.
15 | Während sie redeten und ihre Gedanken austauschten, kam Jesus hinzu und ging mit ihnen.
16 | Doch sie waren wie mit Blindheit geschlagen, sodass sie ihn nicht erkannten.
17 | Er fragte sie: Was sind das für Dinge, über die ihr auf eurem Weg miteinander redet? Da blieben sie traurig stehen,
18 | und der eine von ihnen – er hieß Kleopas – antwortete ihm: Bist du so fremd in Jerusalem, dass du als einziger nicht weißt, was in diesen Tagen dort geschehen ist?
19 | Er fragte sie: Was denn? Sie antworteten ihm: Das mit Jesus aus Nazaret. Er war ein Prophet, mächtig in Wort und Tat vor Gott und dem ganzen Volk.
20 | Doch unsere Hohenpriester und Führer haben ihn zum Tod verurteilen und ans Kreuz schlagen lassen.
21 | Wir aber hatten gehofft, dass er der sei, der Israel erlösen werde. Und dazu ist heute schon der dritte Tag, seitdem das alles geschehen ist.
22 | Aber nicht nur das: Auch einige Frauen aus unserem Kreis haben uns in große Aufregung versetzt. Sie waren in der Frühe beim Grab,
23 | fanden aber seinen Leichnam nicht. Als sie zurückkamen, erzählten sie, es seien ihnen Engel erschienen und hätten gesagt, er lebe.
24 | Einige von uns gingen dann zum Grab und fanden alles so, wie die Frauen gesagt hatten; ihn selbst aber sahen sie nicht.
25 | Da sagte er zu ihnen: Begreift ihr denn nicht? Wie schwer fällt es euch, alles zu glauben, was die Propheten gesagt haben.
26 | Musste nicht der Messias all das erleiden, um so in seine Herrlichkeit zu gelangen?

27 | Und er legte ihnen dar, ausgehend von Mose und allen Propheten, was in der gesamten Schrift über ihn geschrieben steht.
28 | So erreichten sie das Dorf, zu dem sie unterwegs waren. Jesus tat, als wolle er weitergehen,
29 | aber sie drängten ihn und sagten: Bleib doch bei uns; denn es wird bald Abend, der Tag hat sich schon geneigt. Da ging er mit hinein, um bei ihnen zu bleiben.
30 | Und als er mit ihnen bei Tisch war, nahm er das Brot, sprach den Lobpreis, brach das Brot und gab es ihnen
31 | Da gingen ihnen die Augen auf und sie erkannten ihn; dann sahen sie ihn nicht mehr.
32 | Und sie sagten zueinander: Brannte uns nicht das Herz in der Brust, als er unterwegs mit uns redete und uns den Sinn der Schrift erschloss?
33 | Noch in derselben Stunde brachen sie auf und kehrten nach Jerusalem zurück und sie fanden die Elf und die anderen Jünger versammelt.
34 | Diese sagten: Der Herr ist wirklich auferstanden und ist dem Simon erschienen.
35 | Da erzählten auch sie, was sie unterwegs erlebt und wie sie ihn erkannt hatten, als er das Brot brach.

Die Geschichte der beiden Emmausjünger gehört wohl zu den bekanntesten biblischen Überlieferungen. Zum einen wohl, weil Lukas uns diesen Weg wirklich haarklein, Stück für Stück, erzählt und wir so direkt diesen Weg mitgehen können. Zum anderen aber auch – so geht es mir –, weil diese Geschichte so spannend erzählt wird. Es macht an einer ganz bestimmten Stelle „klick" – als der unbekannte Begleiter ihnen das Brot bricht. Hier, in dieser unscheinbaren, aber wesentlichen Geste erkennen und finden sie den, den sie in Licht, Glanz und Gloria verzweifelt gesucht, aber nicht gefunden haben. Im Nachhinein wissen sie zu deuten, was sie unterwegs in sich wahrgenommen und erlebt haben.

Die geschilderte Erfahrung der Emmausjünger ist Einladung, an uns zu glauben, an das Leben, den Lebendigen zu glauben, uns auf ein Wagnis, ein heiliges Abenteuer einzulassen.
Die geschilderte Erfahrung der Emmausjünger ist aber ebenso auch Hinweis darauf, dass sich der Lebendige immer wieder ganz anders zeigt, als wir es bisweilen erwarten: manchmal unspektakulär, mitten im Alltag, im verlässlichen Wort eines anderen, einer wohltuenden Geste, im abendlichen Blick in das Universum der Sterne, in dem kleinen Stückchen Brot in meiner Hand, dem Leib Christi.

Wenn ich manchmal innerlich einen Schritt zurücktrete und mir unsere Zeit betrachte, dann habe ich die starke Ahnung, dass wir in einer ungewöhnlichen Zeit leben: einer Zeit, die geprägt ist von Unsicherheit und Ratlosigkeit; einer Zeit, die bestimmt ist vom harten Kampf um die Existenzgrundlage auf der einen Seite und auf der anderen Seite der Langeweile anderer Menschen zu überlegen, was sie noch nicht haben, aber vielleicht unter Umständen gerne noch haben könnten.

Wohin bin ich unterwegs? Wofür wache ich auf? – Diese Frage stellt sich uns Menschen heute öfter und eindringlicher als in Zeiten, wo das „Ausgehen von alten Beständen“ und das „Finden-Wollen von bereits Bekanntem“ uns eine schnelle Antwort angeboten hat.

Alle Wege sind offen, und was gefunden wird, ist unbekannt. Es ist ein Wagnis, ein heiliges Abenteuer.

Der Text ist mit diesen beiden Zeilen noch nicht zu Ende. Er schreibt weiter: ....

Die Ungewissheit solcher Wagnisse können eigentlich nur jene auf sich nehmen, die im Ungewissen sich geborgen wissen, die in der Ungewissheit, der Führerlosigkeit geführt werden, die sich vom Ziel ziehen lassen und nicht selbst das Ziel bestimmen.

Ein nicht gerade einfacher Text. Zugegeben. Aber für mich ein mutmachendes, ein gutes Wort:

- Mut zu haben, an manchen Stellen des Lebens das Drahtseil zu betreten und zu gehen im Vertrauen auf den doppelten Boden, den ich nicht sehe ...
- Mut zu haben zu einer Hoffnung, die eigentlich gar nicht berechtigt erscheint ...
- Mut zu haben zu einer Liebe, die liebt ohne Vertrag und Berechnung ...
- Mut zu haben – bitte ergänzen Sie selbst ...

Ein gutes Wort, weil wir eben wie die Emmausjünger nicht alleine unterwegs sind, sondern der Lebendige mit uns unterwegs ist. Er kennt unsere Zweifel. Er kennt unsere Enttäuschung. Er ist mit Abschied, Schmerz und Tränen, mit dem Tod vertraut. Aber er ist auch der Erste am Ziel des Lebens und für uns Menschen zum Ziel geworden.

Ich wünsche Ihnen und mir selbst, dass wir dem Lebendigen nicht im Wege stehen, sondern uns auf das Wagnis, das heilige Abenteuer Leben einlassen und uns vom Ziel ziehen lassen ... mit Mut ... mit Glauben ... mit Hoffnung ... mit Liebe.

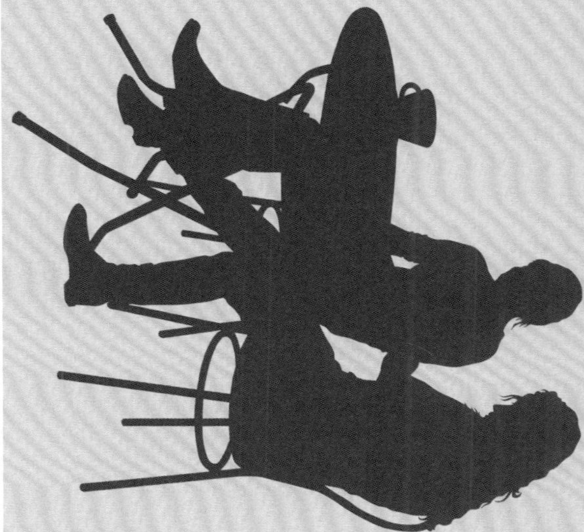

GOTT, ich stehe vor dir.

Ich staune und freue mich über das Wunder des Lebens.
Licht und Wärme darf ich spüren,
Glück und Gemeinschaft.
Danke für allen Mut und alle Zuversicht.
Manchmal aber stehe ich auch zweifelnd vor mir selbst,
wie die Jünger Jesu am Grab, und frage:
Wer wälzt den Stein weg?
Wer deutet mir all das, was um mich herum geschieht?
Dann sei mir besonders nahe.
Komm mir entgegen – überraschend und tröstend.
Sei mit mir, sei mit uns Menschen unterwegs – Du!

Du – „**ICH BIN DA**.“

DER MENSCH

Es gibt einige Fragen, die stellen sich große und kleine Leute von Zeit zu Zeit immer wieder: Wozu ist der Mensch auf der Erde? Warum gibt es mich? Was macht mich als Menschen einzigartig?

Diese Fragen stellen Schülerinnen und Schüler bei ihrer Berufswahl: „Was ist mir wichtig? Wo will ich arbeiten und meine Fähigkeiten einsetzen?“
Diese Fragen stellen sich Menschen in einer Freundschaft oder Partnerschaft: „Was macht mich als Mann, als Frau aus, wertvoll, einzigartig?“
Und es gibt viele andere Gelegenheiten, nach dem Ziel menschlichen Lebens zu fragen und eine Antwort zu formulieren.

Diese Frage **„WOZU BIN ICH AUF DER ERDE?“** stellen sich Menschen aber auch manchmal unfreiwillig:
Menschen werden arbeitslos. Nicht nur das Einkommen fehlt, sondern oft auch der Sinn in der Zeit zwischen 8 und 17 oder 20 Uhr. Was soll ich mit dieser ganzen Zeit anfangen?
Menschen werden krank, sind nach einem Unfall behindert und fragen sich: Was bin ich jetzt noch wert, da ich nicht mehr arbeiten und schaffen kann?
Oder der Tod kommt unwiderruflich auf Menschen zu. Da stellt sich dann auf dem Sterbebett unausweichlich die Frage: Wozu ist und war dieses Leben gut?

WOZU DIESES LEBEN? Mit dieser Frage war auch der Sänger Herbert Grönemeyer konfrontiert. Innerhalb weniger Wochen verlor er durch die heimtückische Krankheit Krebs seine Frau Anna und seinen Bruder. Ein hartes Schicksal, dem sich Grönemeyer stellte. Es gab zunächst viel mehr Fragen als Antworten. Zwei Jahre lang produzierte er keine neuen Lieder, nahm er sich eine Auszeit von seinem künstlerischen Erfolg.

Dass er dann mit seinem Lied **„MENSCH“** die Charts eroberte und sein Lied **„DER WEG“** selbst einen redseligen Thomas Gottschalk in „Wetten dass“ sprachlos machte, liegt wohl daran, dass er mit seinen Liedern punktgenau das Lebensgefühl vieler Menschen heute anspricht und ins Wort bringt. In seinen Liedern geht es um diese zutiefst menschlichen Fragen: **WOHER KOMME ICH? WOHIN GEHE ICH?**
Er macht uns aufmerksam, dass es ein Leben unter der Oberfläche von Promis gibt, die sich mit nebensächlichen Plaudereien über ihr Privatleben in Erinnerung bringen. Er sucht in seinen Liedern nach dem Wert des Menschseins trotz eingestürzter Aktienkurse. Er sucht eine Antwort nach persönlichen Schicksalsschlägen: Was bleibt, wenn die von ihm von Herzen geliebte Frau ihre Zeitreise beendet hat?

Wer tiefer hören möchte, der findet in den Liedern des Albums „Mensch“ viele Fragen und manche Antworten, die uns als Menschen bewegen, anrühren, umtreiben.

„MOMENTAN IST RICHTIG. MOMENTAN IST GUT.“ Mit diesem Text im Ohr liegt für mich eine Chance in dieser unserer Zeit, in der die Garantie für so vieles Selbstverständliche im Leben scheinbar abgelaufen ist. Es liegt darin für mich

die Chance, das Leben zu suchen, nach dem zu fragen, was ich erwarte und wofür ich lebe:
Leben ist kein fertig verschnürtes Paket, sondern ein Prozess, ein Weg, eine Entwicklung. Leben wird und ereignet sich, wenn ich Ausschau halte und neugierig bin auf den nächsten Moment.

„MOMENTAN IST RICHTIG. MOMENTAN IST GUT."
Der lebt, der nach dem Ziel des Lebens fragt: Wo komme ich her? Wo gehe ich hin?

Mich selbst hat Grönemeyers Lied **„MENSCH"** getroffen und bewegt, nicht nur weil ich seit Jahren seine Lieder und Musik mag und genieße. Es weckt in mir ganz ursprüngliche, zum Teil auch vergessene oder verdrängte Seiten menschlichen Lebens.
Er selbst versteht ja in einem Interview sein Lied nicht als Dokumentation „So sind die Menschen", sondern eher als so etwas wie einen Film, der mit aller künstlerischen Freiheit gedreht ist **„ENTDECKE DAS MENSCHSEIN IN ALL SEINEN FARBEN".**

Und zwischen den Zeilen des Liedes entdecke ich bisweilen unseren menschgewordenen Bruder Jesus aus Nazareth, der wärmt, wenn er erzählt ... der lacht, der lebt ... der hofft und liebt ... der mitfühlt und vergibt ... der schwärmt und glaubt und der Ihnen und mir mit den Worten von Bischof Franz Kamphaus sagt: **„MACH'S WIE GOTT UND WERDE MENSCH!"**

PHILIPPER 2, 5–11

05 | Seid untereinander so gesinnt, wie es dem Leben in Christus Jesus entspricht:

06 | Er war Gott gleich, hielt aber nicht daran fest, wie Gott zu sein,

07 | sondern er entäußerte sich und wurde wie ein Sklave und den Menschen gleich. Sein Leben war das eines Menschen;

08 | er erniedrigte sich und war gehorsam bis zum Tod, bis zum Tod am Kreuz.

09 | Darum hat ihn Gott über alle erhöht und ihm den Namen verliehen, der größer ist als alle Namen,

10 | damit alle im Himmel, auf der Erde und unter der Erde ihre Knie beugen vor dem Namen Jesu

11 | und jeder Mund bekennt: ‚Jesus Christus ist der Herr' – zur Ehre Gottes, des Vaters.

GOTT, ich stehe vor dir.

All das, was ich mit mir trage, lege ich bei dir ab.
Nimm das, was auf mich zukommt.
Nimm das, was hinter mir liegt.
Nimm meine Blöße und meine Sorge.
Nimm meine Lust und meine Freude.
So wie ich bin, bin ich da.

Du – „**ICH BIN DA**.“

Du – „**ICH BIN DA.**“

QUELLEN

BILDNACHWEIS

Seite 019: Der verwundete Engel, Hugo Simberg, 1903, Öl, Ateneum, Helsinki

Seite 028: Doris und Michael Will, aus: Pfarrbriefservice.de

Seite 029: Peter Weidemann, aus: Pfarrbriefservice.de

Seite 030: Adelheid Weigl-Gosse, www.weigl-gosse.de, aus: Pfarrbriefservice.de

Seite 045: Stephan Balkenhol

Seite 064: Staatsbibliothek zu Berlin, Preußischer Kulturbesitz

TEXTQUELLEN

Bibeltexte alle: Einheitsübersetzung der Heiligen Schrift

Seite 077: Aus: ach! Das kleine Buch vom großen Staunen. Hamburg: Andere Zeiten e. V., www.anderezeiten.de

Seite 104: Textübertragung des Hohen Liedes der Liebe Angela und Thomas Schwengfelder

Seite 116: Monika Schraut

BIBELSTELLEN

Genesis 1,31	Reihe 3.15	Seite 085
Genesis 9, 12–17	Reihe 2.09	Seite 051
1 Könige 19, 3–8	Reihe 1.02	Seite 016
1 Könige 19, 10–13	Reihe 1.07	Seite 039
Psalm 8, 2.4–6 >	Reihe 3.16	Seite 090
Kohelet 4, 9–11	Reihe 1.05	Seite 029
Kohelet 4, 12	Reihe 1.05	Seite 031
Kohelet 11, 9–12,2	Reihe 1.06	Seite 035
Hohelied 1, 9–17	Reihe 1.05	Seite 030
Matthäus 2, 1–12	Reihe 2.14	Seite 080
Matthäus 5, 37–48	Reihe 2.13	Seite 071
Markus 2, 1–12	Reihe 1.03	Seite 022
Markus 6, 31 >	Reihe 1.01	Seite 012
Lukas 3, 21–22	Reihe 2.12	Seite 068
Lukas 4, 17–20	Reihe 3.15	Seite 087
Lukas 15, 11a–24	Reihe 3.17	Seite 093
Lukas 19, 1–9	Reihe 2.04	Seite 061
Lukas 24, 13–35	Reihe 3.20	Seite 107
Apostel 2, 1–12	Reihe 1.04	Seite 024
Apostel 2, 43–47	Reihe 2.10	Seite 057
1 Korinther 13	Reihe 3.19	Seite 104
Philipper 2, 5–11	Reihe 3.21	Seite 115
Philipper 4, 6–8	Reihe 2.08	Seite 047

ZUM AUTOR

JOHANNES SIMON

Jahrgang 1959, Diplomtheologe, als Pastoralreferent Leiter des Referates Öffentlichkeitsarbeit in der Pfarrgemeinde im Bereich Medien der Diözese Würzburg. Seit über 20 Jahren bietet er Aus- und Weiterbildungsangebote auf Dekanats- und Pfarreiebene an und unterstützt so Pfarrgemeinden und kirchliche Gruppen bei ihrer Öffentlichkeitsarbeit. Er ist seit Gründung im Jahr 2002 Leiter von **WWW.PFARRBRIEFSERVICE.DE.**

Im Dekanat Haßberge ist er seit 1993 als Familienseelsorger tätig. Als solcher gestaltet er gemeinsam mit einer Kollegin ab Herbst 2002 immer am 2. Sonntagabend im Monat die Sinnzeit. Näheres unter **WWW.SINNZEIT.DE**.

Der verheiratete Vater von zwei erwachsenen Töchtern ist seit November 2009 ehrenamtlicher Vorsitzender des Kreiscaritasverbandes Haßberge.

In der Spannung zwischen „Es war sehr gut so“ und „Nicht fertig“ spielt sich das Leben der Menschen ab. Gott hat uns nicht als Kunstwerk geschaffen, bei dem der letzte Pinselstrich durch ihn schon gesetzt ist, sondern er lässt uns Menschen mitgestalten an dieser unserer Welt, an unserem Leben und Zusammenleben.

JOHANNES SIMON